AF370524

Todos los libros de Linkgua Ediciones cuentan con modelos de Inteligencia Artificial entrenados por hispanistas. Pregúntale al chat de tu libro lo que desees acerca de la obra o su autor/a.

Para ebooks: Accede a nuestro modelo de IA a través de este enlace.

Para libros impresos: Escanea el código QR de la portada con tu dispositivo móvil.

Obtén análisis detallados de nuestros libros, resúmenes, respuestas a tus preguntas y accede a nuestras ediciones críticas generativas para una experiencia de lectura más enriquecedora.
La transparencia y el respeto hacia la autoría de las fuentes utilizadas son distintivos básicos de nuestro proyecto. Por ello, las respuestas ofrecen, mediante un sistema de citas, las fuentes con las que han sido elaboradas.

Félix Lope de Vega y Carpio

# ¡Ay, verdades, que en amor...!

Barcelona **2024**
Linkgua-ediciones.com

## Créditos

Título original: ¡Ay, verdades, que en amor...!

© 2024, Red ediciones S.L.

e-mail: info@linkgua.com

Diseño cubierta: Michel Mallard

ISBN tapa dura: 978-84-1126-211-8.
ISBN rústica: 978-84-9816-165-6.
ISBN ebook: 978-84-9816-690-3.

# Sumario

# Brevísima presentación

## La vida

Félix Lope de Vega y Carpio (Madrid, 1562-Madrid, 1635). España.

Nació en una familia modesta, estudió con los jesuitas y no terminó la universidad en Alcalá de Henares, parece que por asuntos amorosos. Tras su ruptura con Elena Osorio (Filis en sus poemas), su gran amor de juventud, Lope escribió libelos contra la familia de ésta. Por ello fue procesado y desterrado en 1588, año en que se casó con Isabel de Urbina (Belisa).

Pasó los dos primeros años en Valencia, y luego en Alba de Tormes, al servicio del duque de Alba. En 1594, tras fallecer su esposa y su hija, fue perdonado y volvió a Madrid.

Entonces era uno de los autores más populares y aclamados de la Corte. La desgracia marcó sus últimos años: Marta de Nevares una de sus últimas amantes quedó ciega en 1625, perdió la razón y murió en 1632. También murió su hijo Lope Félix. La soledad, el sufrimiento, la enfermedad, o los problemas económicos no le impidieron escribir.

## Personajes

Don Juan, galán
Martín, gracioso
Celia, dama
Inés, criada
Don García, galán
Alberto, amigo de García
Clara, dama
Julia, criada
Pradelio
Leoncio
Leandro
Liseo, criado
Perseo
Albano
Laurencio, escribano
Dos damas
Fulvio
Darío
Músico

## Jornada primera

(Salen Celia e Inés, con mantos. Don Juan y Martín.)

Celia             Porfiar no es cortesía,
                  y más con una mujer.

Juan              ¿Cuándo ha sido agravio el ver
                  ni el rogar descortesía?
                  Porque pedir luz al día,
                  oro al Sol, plata a la Luna,
                  ¿cuándo fue culpa ninguna?

Celia             Culpa es grande porfiar
                  el que no puede alcanzar
                  lo que siguiendo importuna.

Juan                 César no hubiera llegado
                  al imperio si no hubiera
                  porfiado, ni tuviera
                  del mundo el cetro envidiado.
                  De Troya se vio vengado
                  porfiando Agamenón,
                  y pudo Pigmaleón
                  volver un mármol mujer,
                  y el campo del mar romper
                  con lienzo y tablas Jasón.

Celia                ¿Historias? ¡Oh qué donaire!

Juan              ¿Quién persuade mejor?

Celia             Caballero historiador,
                  toda vuestra prosa es aire.

Id con Dios.

Juan                      ¡Bravo desaire
de ese tallazo es no ser,
en dejarse ver, mujer!

Celia          Si os habéis de arrepentir,
yo sé que es dejaros ir
mejor que dejaros ver.

Juan           Tener en cárcel escura
el Sol de esos ojos bellos,
ingrata al cielo, que en ellos
copió su misma hermosura;
poner en prisión tan dura
sus jazmines y claveles
sinrazones son crueles.
Dejaos, señora, mirar,
porque os pueda retratar
el alma, divino Apeles.

Celia                  ¿Otra historia?

Juan                          ¡Que seáis
tirana de tanta nieve!

Celia          ¡Qué poco la nieve os debe,
si arrendador me llamáis!

Juan           Pues ¿para qué la guardáis?

Celia          Para el verano le guardo.

Juan           Desde aquí la nieve aguardo,

si me decís vuestra casa.

Celia     Eso los límites pasa
de vuestro ingenio gallardo.
   Extraños los hombres son,
pues, sin ver una mujer,
su casa quieren saber.
¡Qué liviandad! ¡Qué traición!
Aquí no obliga afición,
pues no amáis lo que no veis;
luego de liviano hacéis
esta necia diligencia,
o ¿por ver mi resistencia
tanta codicia tenéis?

Juan          ¡Notable error!

Celia               ¿Cómo error?

Juan     Vos lo veréis.

Celia               ¿Cuándo?

Juan                    Agora.
De cuerpo y alma, señora,
¿cuál tiene mayor valor?

Celia     El alma.

Juan          Luego mi amor
no fue liviano argumento
si tiene por fundamento
amar el alma que vi.

Celia          ¿Vos vistes mi alma?

Juan                        Sí.

Celia          ¿Dónde?

Juan                   En vuestro entendimiento.
                Luego, sin ver vuestra cara,
                bien me pude enamorar
                y la casa preguntar
                donde la vista ocupara
                y el cuerpo al alma igualara;
                porque fuera yo muy necio
                si creyera, en su desprecio,
                que diera el cielo, su autor,
                a joya de tal valor
                caja de tan poco precio.

Celia                   Vos sois hombre peligroso.
                Id con Dios.

Juan                        Oíd.

Celia                        Decid.

(Hablan aparte don Juan y Celia.)

Martín         Y ella, ninfa de Madrid,
                ¿piensa con tanto reposo
                hacerme gastar a mí
                la prosa que a mi señor?

Inés           ¿Cómo me habla de amor
                sin haberme visto?

Martín                              Ansí.
                    Pues ¿qué pleito tengo yo
                    que pueda solicitarme?
                    ¿Qué valonas que lavarme?

Inés                ¿No sabe otras cosas?

Martín                              No;
                    que, en viendo mujer que sea
                    de mi parte no sé más
                    de: «¿Quién eres? ¿Dónde vas?
                    Bien te aliñas. No eres fea.
                       ¿Tienes cúyo? ¿Eres mostrenca?
                    ¿Dónde posas? Di tu nombre.
                    ¿Quieres un hombre muy hombre?
                    Quítese allá; quedo, penca».
                       ¡Por vida del rey de copas,
                    que de una tamborilada
                    dejo a la más entonada!

Inés                ¡Cómo en lo vivo me topas!;
                       que, en viendo un hombre de rumbo,
                    deseo verle en galeras.

Martín              Pues, hermana, no me quieras,
                    que yo blasòno y retumbo;
                       todo soy armas.

Inés                              Pues yo
                    nunca de fieros me obligo;
                    mansos quiero, tiernos sigo,
                    que bravos hablantes no.
                       Lo que gasta el escribano

y el señor procurador,
lo que se lleva el dotor
y la fe del cirujano,
   más lo quiero en gorguerán
y aun en parda picardía.

Martín     Pues descúbrete, luz mía,
que también soy yo galán
   de los que dan en dinero
el moño y la bigotera;
que, si eres dama espetera
o tarima saber quiero.

Inés          No puedo, porque se parte
mi ama.

Celia               No me sigáis.

Juan     ¿No os veré?

Celia                    Si me buscáis...

Juan     ¿Adónde?

Celia               ...en la misma parte.

(Vanse Celia e Inés.)

Juan     ¡Bizarra mujer!

Martín                    ¡Famosa!

Juan     No se descubrió.

Martín                      Ni a mí
su criada.

Juan                       A un lado vi
por brújula cierta rosa,
    campo de una clara estrella.

Martín        Yo la sigo.

Juan                      ¿Para qué?
Pues de verla me libré,
¿no estaré mejor sin vella?

Martín           ¿Eso dices?

Juan                       Si es mujer
que el alma puede inquietarme,
yo quiero sin ver quedarme
por no perderme por ver.
    Si viese un hombre venir
un león, ¿no es más cordura
darle la espalda segura
que no quererle seguir?
    Cuando hay un toro furioso
y sin resistencia humana,
¿no es mejor una ventana
que espada y capa en el coso?
    Cuando un juez está airado,
¿no es mejor estar seguro
por el extranjero muro
o por el propio sagrado?
    Cuando hay un pleito que en él
se pueden dos concertar,
¿no es mejor que no aguardar

una sentencia cruel?
    Pues así en esta ocasión
me libré, con no la ver,
de hallar en esta mujer
toro, juez, pleito y león.

(Salen don García y Clara.)

García                     Pintarte su condición,
hermosa Clara, sería
«la Luna, el mar, la porfía,
la mudanza y la traición».
    Luna, en crecer y menguar;
mar, en bonanza y tormenta;
porfía, en que lo que intenta
se ha de hacer y ejecutar;
    la mudanza, en que parece
tornasol, y la traición,
en que, mostrando afición,
al mismo tiempo aborrece.
    Ésta es Celia, y yo soy quien
amo la Luna y el mar,
el mudarse, el porfiar,
y aun la traición quiero bien;
    que con todos los defetos
que ves, son sus gracias tales,
que nacieron celestiales
para examinar discretos.
    Amar un hombre en virtud
de amarle es ley de razón,
y discreta perdición
amar con ingratitud.
    Yo no entiendo estos secretos;
mas dicen los entendidos

que es amar aborrecidos
razón de estado en discretos.

Clara

    ¿De manera, don García,
que es ley de la discreción
querer a quien sin razón
aborreciendo porfía?
    Debe de ser por fineza,
porque querido querer
pienso que debe de ser
la ley de Naturaleza;
    que querer donde el rigor
extiende sus asperezas
más parecen que finezas
bachillerías de Amor.
    Pero, pues habéis venido
a que os ayude a vencer
el desdén de esta mujer
y el agravio de su olvido,
    mirad que habéis de dejar
de ser discreto también,
pues amaréis sin desdén
y con desdén se ha de amar.

García

    No agravia la discreción,
Clara, hacer las diligencias,
que conquistar resistencias
efetos discretos son.
    Al que cercase un lugar,
¿no sería valentía
sufrir de noche y de día
defensas sin pelear?
    Por eso advierte mi intento
en lo que has de hacer por mí.

Clara          Ya lo estoy.

García              Pues oye.

Clara                   Di.

García          Amor es conocimiento
                   de las partes de quien ama,
                por donde se viene a amar,
                las cuales suelen llegar
                por terceros a una dama
                   mejor que por propia vista;
                que la buena información
                califica la opinión,
                facilita la conquista.
                   Tú, pues, no como tercera,
                que tienes muy poca edad
                para vender voluntad,
                sino en razón de primera,
                   has de fingir que, celosa,
                a Celia vas a rogar
                que no me permita entrar
                en su casa, porque es cosa
                   que suele, al mayor desdén,
                tocar al arma en el alma,
                y al sueño de mayor calma
                despertar a querer bien.
                   Añadirás a estos celos
                las partes que no hay en mí,
                con que, envidiosa de ti,
                abrirá puerta a desvelos,
                   que celos y privación,
                y el ver que me adoras, Clara,

y que tu talle y tu cara,
calidad y discreción
    desprecio por su desdén,
hará por dicha en su fría
condición más batería
que haberla querido bien.

Clara

    ¡Qué arbitrista, de que hay tantos
en esta edad, como Amor!
¡Brava industria!

García

            La mejor,
aunque se consulten cuantos
    remedios se han inventado
contra desdenes.

Clara

            Quisiera
decirte, si me atreviera,
una cosa que he pensado.

García

    Cuando sea contra mí
te doy licencia.

Clara

            Mirando
tus prendas y reparando
que Celia te trate así,
    sospecho que me has callado
que a otro debe de querer.

García

¿Querer? ¿Cómo puede ser
donde es Argos mi cuidado?
    Que los ojos del pavón
no se igualan a mis celos,
ni las luces de los cielos

como mis cuidados son.
    Si un hombre un átomo fuera
y en sus aposentos, Clara,
cubierto del Sol entrara,
pienso que mi amor le viera.

Clara

    Calla, que sabemos mucho
las mujeres.

García

            Lo confieso,
mas mis celos son exceso.

Clara

Tu seguridad escucho
    en fe de su condición,
y voy con una criada
a fingirme enamorada
de tu talle y discreción;
    pido celos, finjo pena
que nunca tuve por ti.

García

Pues escoge desde aquí,
Clara, vestido o cadena.

Clara

    Cadena es mejor, García,
que el oro crece el valor,
porque el vestido mejor
vale menos cada día.

García

    Agora sí que pareces
tercera contra el decoro
de la edad, que amas el oro
y las galas aborreces.

Clara

García, por interés

tomo, si a escoger me dan,
galas del que es mi galán
y oro del que no lo es.

(Vanse. Salen Celia e Inés.)

Inés       ¡Peregrina novedad,
habiendo tú despreciado
a tantos que te han mirado!

Celia      Yo nací sin voluntad,
 potencia que me faltó.

Inés       Por ella, que así lo siento,
dos partes de entendimiento
Naturaleza te dio;
 mas no naciste sin ella,
pues la tienes a don Juan,
que esas ansias que te dan
por sus partes nacen de ella.

Celia      No, Inés; yo no la tenía,
que en acabando de verle
la crió, para quererle,
Naturaleza aquel día.

Inés       Estaba por darle vaya
a tu antigua libertad.

Celia      Ya que sé que hay voluntad,
no hayas miedo tú que haya
 más peligros para mí.

Inés       Luego ¿no verás este hombre?

Celia      Yo no sé más de su nombre,
           y en esto dichosa fui;
              porque si supiera más,
           mayor daño me viniera.

Inés       ¿Qué daño?

Celia                 Que le quisiera,
           y no he de querer jamás.

Inés                  ¿Y si te le busco yo?

Celia      No quiero por don García
           ver mi opinión algún día
           en lo que jamás se vio;
              que está loco, y con los celos
           será mayor su locura.
           Yo he tenido, y es cordura,
           a más piedad de los cielos
              no saber quién es don Juan,
           que este amor fue un accidente.

Inés       ¡Gran ruido!

Celia                   ¡Extraña gente!

Inés       Tras un caballero van.

(Salen Leoncio, Pradelio, Leandro, acuchillando a don Juan.)

Juan                 Nunca el valor se acobarda,
           puesto que ejércitos fueran.

Leoncio          ¡Muera el villano!

Juan                         ¡Mentís!

Pradelio          Con espadas no hay afrenta.

Leoncio          A buen sagrado se acoge.

Pradelio          A la casa lo agradezca
                 donde se ha entrado.

(Vanse Leoncio, Pradelio y Leandro.)

Inés                        ¡Ay señora!

Celia            No huyas, Inés; no temas.

Inés             ¿No ves que se ha entrado en casa
                 un hombre de la pendencia?

Celia            Tengo el ánimo gallardo.
                 No hay cosa que me parezca
                 más bien que un hombre riñendo,
                 si tiene brío y destreza.
                 Vuesa merced se sosiegue.

Juan             Tendré, señora, vergüenza
                 de haberme aquí retirado.

Celia            Hombre que tan bien pelea,
                 defendiéndose de tantos,
                 no quiero yo que la tenga.

(Habla aparte con Inés.)

¡Jesús! ¿No es éste don Juan?

Inés        El mismo; para que veas
            que no hay prevención humana
            para huir de las estrellas.

(Sale Martín.)

Martín      Aquí pienso que se entró.

Juan        ¿Eres tú?

Martín            ¿Qué es esto? ¡Fuera!
            ¿Dónde están esos gallinas?
            Mataré...

Juan                ¡Detente, bestia!

Martín      ¡Todo el mundo no es bastante!

Juan        Ya como San Telmo llegas.
            ¿Adónde estabas?

Martín                Jugando
            en el zaguán de Florela
            el barato que me diste.
            Oí que cuarenta ruecas
            le daban como a tu espada,
            y salí como si fuera
            un novillo de Jarama.

(Habla aparte a Martín.)

Juan

    Espera, Martín. ¿No es ésta
    la dama que vimos hoy?

Martín

    Que en el talle lo parezca
    no es mucho, que es extremado.

Juan

    ¡Qué dicha tendré si es ella!

Celia

    En habiendo ese valiente
    —digo valiente por señas—
    acabado su papel,
    aunque es gustosa materia,
    diré yo también el mío,
    si vuesa merced se asienta.
    Una silla, Inés.

Juan
(Siéntense.)

          ¡Señora!
    ¿Tanta merced?

Celia

          Diome pena
    el veros reñir con tantos,
    si bien fue vuestra defensa
    con tan bizarro valor...
    ¿Estáis herido?

Juan

          Pudiera.
    Solo un rasguño en un dedo
    me ha dejado la pendencia,
    desagravio de un mentís,
    pues habiendo sangre, cesa.

Celia

    Sentaos, que le quiero ver.

Juan

    No es nada.

Celia        Aunque menos sea.
Ataros quiero un listón.

Juan        Será del Amor la venda.

Celia        ¿Queréis agua?

Juan          ¿Para qué?

Celia        La sangre alterada templa.

Juan        Yo no he caído.

Celia          Es verdad.
Y que no caigáis me pesa
en quien deseastes ver
hoy con tantas diligencias.

Juan        El alma me lo había dicho.
Mirad si soy cosa vuestra,
que en el peligro que estuve
me vine a mi propia esfera.

Celia        Bien os habéis disculpado.

Martín       Y ella, señora doncella,
¿no me pone algún listón?

Inés        Pues ¿hallóse en la pendencia?

Martín       Pues si no fuera por mí,
¿mi amo ya no estuviera
en Santa Cruz, en las andas,

adonde, quien fuere sea,
en tanto que se averigua,
le ponen a la vergüenza?

Inés

Y ¿está herido?

Martín

      ¡Pesia tal!
Traigo las tripas de fuera.

Inés

Pues ¿cómo pide listón?

Juan

¿No es justo pedir licencia,
señora, para serviros?

Celia

De la cortesía vuestra
no quiero mostrar disgusto,
si el cielo quiere que os quiera;
pues no sabiendo de vos,
huyendo de vuestra ofensa,
como garza que adivina
de los halcones que vuelan
el que la puede matar,
que vengáis a verme ordena
dentro de mi propia casa;
y será cosa tan nueva,
que habéis de vengar a algunos
que son linces destas rejas.
Celia es mi nombre. En Madrid
es notoria mi nobleza.
Mi dote soy yo no más,
porque soy más que mi hacienda.
Con esto y guardar la cara
a mi opinión, será cierta
mi voluntad en serviros.

Juan

La relación es tan buena
que se acobarda la mía.
Yo me llamo don Juan Guerra.
Soy señor de la Montaña
de esta casa, que pudiera
honrar títulos y grandes.
Sacáronme de mi tierra
pretensiones en la Corte,
porque, viendo que se premian
méritos en esta edad,
he querido que lo sean
servicios de mis pasados,
de que mostraros pudiera
hazañas que honran sus armas;
que no hay blasones sin ellas.
Seré vuestro, ¡vive Dios!,
conociendo la excelencia
de vuestras partes y viendo
que no me valió el no verlas,
pues, si así puedo decirlo,
con invención mis estrellas
me han traído a vuestra casa
y adonde por fuerza os vea.

Celia

¿Guerra sois? ¿Qué maravilla
que vuestro talle me hiciera
guerra en el alma? Ahora bien;
lo que los cielos conciertan,
vanamente lo desvían
consejos y diligencias.

Martín

Dígame vuesa merced,
pues nuestros amos se enredan,

las partes de su persona.

**Inés**

Inés soy.

**Martín**

      ¿Inés a secas?

**Inés**

¿No basta Inés?

**Martín**

        Para propia
basta y sobra; pero sepa
que está el mundo en un estado
que la más pobre doncella
ha menester tantas galas
como si nacido hubiera
heredera de una casa.
¡Cuerpo de tal! ¿No pudieran,
como quitaron las calzas,
quitar manteos de tela?
En tiempo del Rey Segundo
—así las cosas se aumentan—
hubo mantos de burato
y medias de carisea.
¿Cómo ha de casarse un hombre
si una mujer trae a cuestas
todo el dote en una tarde?

**Inés**

¿Quiere que le diga que ésta
es la edad más acertada?

**Martín**

¿Cómo?

**Inés**

      Una mujer no llega
a la mitad de la edad
de un hombre, pues si se cuenta

por la mitad que ellos viven,
¿no será justo que tenga,
lo poco que dura hermosa,
galas con que lo parezca?
Un hombre, aunque esté más viejo,
se viste como si fuera
mozo; pero una mujer
¿qué se pone en siendo vieja?
Sin esto, el darles manteos
no pienses tú que es por ellas;
mas por honrar el lugar
donde la Naturaleza
les dio el ser que tienen de hombres,
que si no, no le tuvieran.

Martín

En mi vida pensé oír
cosa tan aguda y nueva.
Y agora caigo en la causa
por que doran con mil ruedas
los lazos de las guitarras.

Inés

¿Cómo?

Martín

Porque se gobiernan
las voces por donde el aire
sonoro en el centro suena.
Yo, Inés, me llamo Martín,
hijo de una honrada dueña,
que, andando sobre mi nombre
en demandas y respuestas,
desde una jaula que estaba
acaso sobre una mesa,
respondió un tordo: «Martín».

Inés

Bien dijo, para que sea,
como de tordo, el «Martín»
pronóstico de tu lengua.

(Sale Liseo, criado.)

Liseo

De dos sillas de este tiempo,
en que van a la jineta
las damas, que con los coches
divorcio hicieron por ellas,
si no me engaña la traza,
ama y criada se apean
y, preguntando por ti,
piden para entrar licencia.

Celia

Ya que fuiste necio, di
que entren.

Juan

          Y yo con la vuestra
me voy.

Celia

         Con cuidado quedo.

Juan

Bien podéis, pues que se queda
todo cuanto soy con vos.

Martín

Advierte, Inés, que me tengas
por lo que soy.

Inés

         Y tú a mí
por más bellaca que necia.

(Vanse don Juan, Martín, y Liseo. Salen doña Clara y Julia, criada.)

Clara          Debo de haber estorbado
               tan buena conversación.

Celia          Las que yo tengo no son
               de gusto ni de cuidado;
                si bien tal vez visitada
               de estos deudos caballeros.

Clara          Deseaba conoceros.

Celia          Eso me diréis sentada.

(Siéntense.)

Clara           Desde una Pascua que os vi
               en la Merced, os cobré
               grande afición.

Celia                        Que os hablé
               me acuerdo.

Clara                        Puesto que os di
                palabra de visitaros,
               mudar casa no me dio
               lugar.

Celia                   Recibiera yo
               merced de veros y hablaros.
                ¡Qué bien tocada venís!

Clara          Antes vengo descuidada.

Celia          Así el descuido me agrada.

Clara

Vos lo veréis si me oís,
    que más que cabellos veis
me traen celos de vos.

Celia

¿De mí?

Clara

        Sí.

Celia

            ¡Válgame Dios!
¿Celos, y de mí, tenéis?

Clara

        Pues ¿de quién con más razón?

Celia

¿Sabéis mi nombre?

Clara

                Mis celos,
Celia, nacen de esos cielos;
que celos y cielos son.

Celia

        ¿Son requiebros o son celos?

Clara

Celos y requiebros son;
que ese talle y discreción
juntaron celos y cielos.

Celia

        Si os ha querido picar
algún galán mentecato,
de estos que andan en retrato
que no se puede mudar,
    no sé cómo me buscó,
que suelo ser recatada.

Clara

No habéis de escuchar cansada.

Celia          Sentada os escucho yo.

Clara              Don García, que yo creo
               que no negaréis el nombre,
               caballero, gentilhombre,
               puso en mi talle el deseo.
               Mirad cuán poco rodeo
               lo que he venido a deciros.
               Papeles, noches, suspiros
               rindieron mi condición,
               porque ya sabéis que son
               de nuestra flaqueza tiros.
                   Su gala, su bizarría,
               su discreción, su donaire,
               aquel despejo, aquel aire,
               gracia, lustre y valentía
               bien serán disculpa mía,
               que no sé yo qué mujer
               se pudiera defender
               de un hombre de tantas partes,
               sobre las industrias y artes
               con que nos hacen perder.
                   Finalmente, no contento,
               como mozo de esta edad,
               de una sola voluntad,
               o porque su pensamiento
               no aspiraba a casamiento,
               o, la más cierta razón,
               el faltar la estimación,
               si llega a trato el empleo;
               que se desmaya el deseo
               en viendo la posesión,
                   comienza a mostrar disgusto,
               y el gusto en desdén resuelve,

que, cuando la espalda vuelve,
cobarde batalla el gusto.
Mas, viendo que no era justo
dejarme tan obligado,
de tal manera a mi lado
las noches amanecía
que Amor vergüenza tenía
de verse a su lado helado.
   Con esto, quise saber
la causa; que claro estaba
que hombre a quien mujer helaba
abrasaba otra mujer.
No fue difícil de ver,
pues yo propia entrar le vi
en vuestra casa; que fui
la misma que le siguió,
porque no fiara yo
mi mal menos que de mí.
   A quien de tal discreción
dotó el cielo, Celia mía,
basta decir que García
me tiene esta obligación.
Que entre no será razón
en vuestra casa, y conviene
a vuestro honor, porque tiene
gracias que os han de engañar;
que del mucho confiar
la mucha deshonra viene.

Celia

   Yo os he escuchado, y querría
que me escuchásedes vos.

Inés

No podréis hablar las dos.
Dejadlo para otro día,

que viene aquí don García.

Celia

Allí os podéis retirar;
que no os puedo asegurar
mejor que hablando con él.

Clara

Vengadme de este cruel.

(Escóndense Clara y Julia. Sale don García.)

García

¿Puedo entrar?

Celia

Podéis entrar.

García

Dos sillas he visto aquí.
¿Venís de fuera o vais fuera?

Celia

Pasó el tiempo que pudiera
daros relación de mí.
La que ahora os puedo dar
es que no pongáis los pies
en esta casa.

García

¿Después
que en ella merezco entrar?
No sé que diese ocasión
que así incite vuestra ira,
si no es que alguna mentira
me ha puesto en mala opinión.

Celia

Aquí no hay que replicar,
don García; estad seguro
que el honor que yo procuro
no me le habéis de quitar;

y a tanta resolución
el iros es la respuesta.

García       Bien clara se manifiesta
la siniestra información.
   Yo me iré, no solamente
de vuestra casa, señora;
que os prometo desde agora
no volver eternamente
   a Madrid, donde nací.

Celia       Agora un mozo galán
en Génova o en Milán
está mejor.

García                    Es así,
   que también yo tengo honor,
y nadie, por singular
que sea, me ha de tratar
con tan áspero rigor.
   Una bala de un francés
tendré por menos agravios
que escuchar de vuestros labios:
«No pongáis aquí los pies.»
   Mandad, Celia, que me den
esos papeles, no sea
mi desdicha que los vea
alguno que os quiera bien
   y se burle, venturoso,
de un hombre tan desdichado.

Celia       De aquel contador dorado
saca, Inés, con un celoso
   listón atados en él,

de este galán los papeles.

(Vase Inés.)

García        A desdenes tan crueles,
              Celia, paciencia cruel,
                 que solo me ha de vengar
              Milán de vos y de mí.

Celia         ¡Qué humildad!

(Vuelve Inés con los papeles.)

Inés                       Ya están aquí.

Celia         Pues bien se los puedes dar.
                 —Esa carga de mentiras
              lleve por fieltro a Milán
              vuesa merced.

García                           ¿Aun no están
              satisfechas tantas iras?
                 ¿Qué es de un retrato que os di?

Celia         Ese naipe en medio está;
              baraje y luego saldrá,
              y dele a Clara por mí.

García           Ya con Clara se declara
              la causa; mas no será
              de Clara, pues roto está.

(Rompa el retrato.)

Celia

¿Qué os ha hecho vuestra cara
que la habéis tratado así?

García

Aunque ya no me aprovecha,
desmiento vuestra sospecha
para que se quede aquí.

(Vase.)

Celia

No quedará, porque yo
sabré arrojarle a la calle.

(Arrójale, y salgan Clara y Julia.)

Clara

Quien así supo tratalle
mayores celos me dio.
¿No me diérades a mí
los pedazos?

Celia

¿Para qué?

Clara

¿Enfadada estáis?

Celia

No sé.

(Vase Celia.)

Clara

Perdonad si os ofendí.

Julia

Oye, hidalga.

Inés

¿Qué me quiere?

Julia

Lo que es Martín, no entre acá...

Inés                    ¿También ella?

Julia                           ¡Bueno está!
                        O su San Martín espere.

Inés                            ¿Hay papeles o retrato
                        que me pida, a imitación
                        de su ama?

(Vase.)

Julia                               Es tentación;
                        que si el cabello arrebato
                            no le ha de quedar...

Clara                                   No más.
                        ¿No miras que estoy aquí?
                        ¡Qué bien los celos fingí!

Julia                   Buena cadena tendrás
                            si Celia no se divierte.

Clara                   Celos son como sangrías,
                        que en ocasiones y días
                        o dan la vida o la muerte.

(Éntrense, y salgan don Juan y Martín.)

Juan                        No he sabido defenderme.

Martín                  Donde la ocasión es tanta,
                        ¿qué valor tuviera fuerzas,
                        qué entendimiento bastara?

Fuero de eso, allí te trujo
la Fortuna, que se encarga
tal vez de ayudar a Amor,
y su tercera se llama.

Juan

Yo me he de perder por Celia.

Martín

Perdido te imaginaba;
porque no hay, después de verla,
sagrado para las almas.

(Alza los pedazos del retrato.)

Juan

¿Qué es eso que miras?

Martín

Miro
lo que unos hombres se hallan
y lo que otros pierden.

Juan

¿Cómo?

Martín

A la puerta de tu dama
he hallado una rica joya.

Juan

¿Joya?

Martín

Una sota de espadas.

Juan

Nunca faltan donde hay sotas.

Martín

Media es no más. ¡Cuál estaba
de desgraciado y perdido
el que te rompió, borracha!
¡Vive Dios, que era retrato,

y está aquí la media cara!
No estaba seguro el dueño
con la sota a las espaldas.

Juan

Muestra. ¿Retrato rompido,
y a esta puerta?

Martín

     ¿Si eres causa
por haber entrado aquí?

Juan

Que riñeron cosa es clara,
y que Celia le rompió
y le echó por la ventana.

Martín

Antes es ventura tuya,
si con alguno baraja,
que, pues él rompe los naipes,
ya perdió lo que tú ganas.

Juan

Celos me ha dado.

Martín

     ¿De qué?

Juan

No sé. Si entero le hallaras,
presto nos dijera el dueño.

Martín

Esta media parte basta.

Juan

Pues ¿podráse conocer?

Martín

Si por las calles que andas
le cotejas con los hombres,
vendrás a hallarle sin falta.

| Juan | Eso es tardar muchos días,<br>y los celos nunca aguardan. |

| Martín | Un remedio. |

| Juan | ¿Cómo? |

Martín

                Escucha.
De Celia es cosa muy clara
que si es galán, será mozo;
de éstos no digamos nada,
que el uso tiene disculpa.
Estos, don Juan, nunca faltan
de la comedia, si es nueva.
Hoy estrenan una brava,
en que la carpintería
suple concetos y trazas.
Pongámonos a la puerta,
pues ya es hora de que salgan;
que aquí hay un ojo y la media
frente con quedeja larga,
y no poco del bigote.
Si te parece que basta,
toma esa esquina y coteja.

(Salgan Fulvio y Darío.)

Fulvio

¡Buena comedia!

Darío

          ¡Extremada!

Fulvio

Por cierto que es mucho hallar,
después de haber hecho tantas,
trazas y concetos nuevos.

(Hablan los dos aparte.)

Juan                    ¿Es alguno de éstos?

Martín                              Calla,
                        que voy bosquejando el rostro.

Juan                    Aquí salen dos tapadas.

Martín                  No será ninguna de ellas.

Juan                    ¿Cómo, si no tienen barba?

(Salgan Dama I y Dama II con mantos.)

Dama I                  ¡Oh, qué gracioso entremés!

Dama II                 ¡Qué bien Amarilis habla!

Dama I                  ¡Qué bien se viste y se toca!

(Vanse las dos damas. Salen Perseo y Albano.)

Perseo                  No he visto cosa más rara
                        que las décimas que dijo
                        con tales afectos Arias.

Albano                   Laurel mereció Cintor
                        por el donaire y la gracia
                        con que dijo aquel soneto.

(Vanse Perseo y Albano.)

Juan

Ninguno de éstos le iguala.

Martín

Ya los miro y, como tiene
este naipe media cara,
no le hallo la otra media.

Juan

¡Ah, Martín! ¿De qué te espantas?
Si como entera la buscas,
buscaras también dos caras,
yo sé que le parecieran
muchos que con ellas andan.
De media no hay que buscar.

(Salga don García.)

Martín

Aquí un gentilhombre pasa
que viene a ver cómo salen
del jaulón las bellas damas.
Y ¡vive Dios! que es él mismo.

Juan

Muestra. Al vivo le retrata.
Los celos me determinan,
por lo que me dice el alma...

Martín

¿A qué?

Juan

A hablarle.

Martín

¿Cómo?

Juan

Espera.
—Casi a vuestros pies estaba
este retrato; si bien
roto, puede haceros falta.

García      Éste fue retrato mío,
que le rompí esta mañana
en casa de una mujer
tan hermosa como ingrata.
Es tan mudable y soberbia
que, sin razón, hoy me manda,
o por locura o por celos,
que no entre más en su casa.
El haberle hallado aquí
puede ser que de la manga
se le cayese, si vino
a la comedia.

Juan                    ¿Que es tanta
la crueldad que usa con vos?

García      Si condición tan extraña
hubiérades conocido,
yo sé que no os espantara.
Si os parece que merezco
algún favor, que sin causa
me destierre de sus ojos
y me obligue a que me vaya
del mundo, que no es huir
de sus mudanzas a Italia,
por no sufrir condición
tan áspera y tan liviana,
que es tornasol de su gusto,
que como a un tiempo señala
dos colores, así Celia
a un tiempo aborrece y ama.
Díjeos el nombre; no importa,
pues no sabéis de quién hablan

mis celos o mis desdichas,
que me llevan a las armas
del de Feria, que en Milán
honra su nombre y su patria.
Donde tengo por mejor
que de algún francés la bala
me pase el pecho que el fuego
de sus airadas palabras.
Perdonad si cuenta os di,
sin conoceros, que pasan
de locura mis fortunas
por una mujer tan varia
que hoy busca, mañana deja,
y lo que deja mañana
vuelve a buscar otro día;
Luna de enero en mudanzas,
Sol de invierno, flor de almendro,
falso amigo, mar en calma,
mujer sola, siempre ociosa,
y rica y loca, que basta.

(Vase.)

Juan          ¿Qué te dice?

Martín                    Que hablan celos.

Juan          Martín, cuando celos hablan
              muy lindas verdades dicen,
              que es vino que no las calla.
              No más Celia.

Martín                    Pues ¿por qué?

| Juan | Porque éste me desengaña,<br>y escarmiento en su cabeza. |
|---|---|
| Martín | ¿No miras que esta mudanza<br>nace de estimarte? |
| Juan | Vamos. |
| Martín | ¿Adónde? |
| Juan | A guardar el alma. |

Fin de la primera jornada

## Jornada segunda

(Salen doña Clara, Julia y don Juan.)

Clara
      Paso a la calle Mayor,
y quise veros, don Juan.

Juan
El que no tuviere amor
será de todas galán
y todas le harán favor.
   Lo que quisieres comprar
quiero esta tarde pagar,
ya que en mi casa has entrado.

Clara
No vengo a daros cuidado.

Juan
Nunca me le ha dado el dar.

Clara
   Saber de vos deseaba,
que ha mil años que no os veo,
y porque ayer donde estaba
creció, don Juan, mi deseo
lo que de vos se trataba.
   Solíades navegar
de aquesta corte en el mar
sin que el agua os diese pena;
pero ya cierta sirena
dicen que os supo engañar.

Juan
   Pues, Clara, fue impertinencia
de algún galán, engañado
por celosa competencia;
que soy Ulises atado
al árbol de mi prudencia,

que, si bien me detenía
cierta dama, a quien servía,
de su misma condición
saqué el olvido, en razón
del amor que me tenía.

Clara      Que no hay para qué encubrirme
en lo que os puedo servir;
que, aunque más secreto y firme,
de Celia os puedo decir
más que vos podéis decirme.
Soy su amiga desde un día
que por cierto don García
fingí unos celos con ella.

Juan       Ya sé yo lo que por ella
ese galán padecía;
que de ejemplo me sirvió
para saber defenderme.

Clara      Luego ¿ya el amor cesó?

Juan       No ha cesado, pero duerme,
y no le despierto yo.
A la hermosa Celia vi,
enamoróme, serví,
obligué, túvome amor,
milagro de su rigor,
y mal empleado en mí.
No porque le fuese ingrato;
que con honesta afición
la visito, sirvo y trato;
mas porque es su condición
del mismo viento retrato.

Pienso que venganza ha sido,
Clara, de Amor ofendido,
pues cuanto crece su amor,
sin estimar su favor,
se va aumentando mi olvido.
    Celia es un gran casamiento,
porque es muy rica y hermosa
y de claro entendimiento;
pero el alma, recelosa,
camina en su amor a tiento.
    Puede ser también que el ver
el rigor de una mujer,
que a tantos ha despreciado,
reducido a tal estado,
me obligue a no la querer.
    Porque ver en su aspereza
lágrimas, y en sus papeles
locuras, a tal tibieza
me obligan que son crueles
mis ojos con su belleza.
    Porque de verla llorar,
a diferente lugar
miro, por no me reír
y, aunque lo sabe sentir,
lo sabe disimular.
    Ansí se va entreteniendo
Amor de Celia, vengando
los que le andaban sirviendo.

Clara    ¿Celia llega a estar llorando,
y vos de verlo riendo?
    ¡Brava vitoria, don Juan!
¿Dónde del amor están
los blasones vencedores?

No se han escrito mayores.
Eterno laurel os dan.
    Pero guardaos, que es mujer
que sabrá llorar y hacer
esas finezas con vos;
pero si os coge, ¡por Dios!,
que os dure poco el placer.
    Vengará vuestros desprecios
cuando no podáis comprar
su amor con iguales precios.


Juan

¿Cómo puedo yo llegar
a pensamientos tan necios?
    Quien no se quiere perder,
no se pare.


Clara

      ¿Qué ha de hacer?


Juan

Querer cuanto ver pudiere,
porque quien a muchas quiere
a nadie puede querer.
    Así las libres mujeres
no tienen jamás amor,
variando en sus placeres,
y quieren teniendo honor
por no mudar pareceres.


Clara

    ¡Qué gran castigo os espera
de esa libertad!


Juan

       Si fuera
solo con ella mi amor.
Así lo paso mejor.
¿Dígole yo que me quiera?

(Sale Martín.)

Martín
Aunque te causo disgusto,
no puedo dejar de darte
de cierta visita parte.

Juan
Sin gusto, Martín, no es justo.
¿Quién duda que Celia es?

Martín
La misma.

Juan
Pues vuelve y di,
necio, que no estoy aquí.

Martín
¿Si viene con ella Inés,
que sabe que en casa estoy?

Julia
¿Piensas que celos me das?

Martín
¡Oh Julia amiga! ¿Aquí estás?

Julia
Aquí estoy.

Martín
Volando voy
a decirles que los dos
no estamos en casa.

(Vase.)

Clara
Agora
creo que Celia te adora.

Juan
Cánsame el alma, ¡por Dios!

Clara                        ¿Una mujer tan gallarda
que te viene a ver despides?
¡Brava arrogancia! A Amor pides
la venganza que te aguarda.
    ¡Lástima me da! No seas
cruel. Llamarla es mejor,
que yo a la Calle Mayor
me voy.

Juan                         Clara, no lo creas.

Clara                        No tendrá celos de mí.
Llámala, ¡por vida mía!

Juan                       Ya fuera descortesía
de saber que estoy aquí.

(Sale Martín.)

Martín                    Celia se fue recelosa,
señor, de que en casa estás.

Juan                     ¿Qué dijo?

Martín                     No dijo más
de que es discreta y hermosa.
    Echóse el manto, y sería
para cubrir los enojos
que en el papel de sus ojos
Amor con agua escribía.
    Dio un suspiro que pudiera
romper, no el doblez sencillo
del manto, mas si el soplillo

lámina de bronce fuera.
    Palabras dijo de agravios,
murmuradas con un «mientes»
entre perlas de sus dientes
y corales de sus labios.
    Que lloró fue cosa cierta,
o si no, fueron enojos;
algo llevaba en los ojos
que no acertaba a la puerta.
    Así por el manto a Inés
y ella sacó por lo bajo;
fuile a remediar un tajo,
y sacudióme un revés.
    «No conmigo picardías
—dijo—, su amo está acá;
que, adonde su perro está,
también está Tobías.»

Juan              Yo, Clara, gusto en extremo
de atropellar el rigor
de mujer de tal valor.

Clara             Ya te he dicho lo que temo.

Juan              Ven al jardín, que esto es
querer más mi libertad.

(A Julia.)

Martín            ¿Cómo estamos de amistad?

Julia             Daréle el revés de Inés.

(Vanse. Salen don García y Alberto, su amigo, de noche.)

García          Pensé partirme, y no me dejan celos.

Alberto         Así castigan al Amor los cielos.
                En Milán os contaba, don García.

García          Para el de Feria y Santa Cruz tenía
                cartas del Almirante y el de Sesa;
                tuvo el Amor de los cabellos presa
                mi determinación, y no he podido
                partirme, aunque mejor hubiera sido.
                Salgo de noche a solo ver la puerta,
                alguna vez a mi favor abierta,
                y he visto un caballero disfrazado
                llegar, llamar y entrar con un criado.

Alberto         Pues ¿por qué no le habéis reconocido?

García          Si piensan en Madrid que me he partido
                los señores y amigos, gran bajeza
                fuera dar ocasión a conocerme,
                a herir o a herirme, a huirme o a prenderme.
                Cuando por dicha piensan los señores
                que en Saboya merezco sus favores;
                los amigos, que a tajos y reveses
                derribo por el suelo piamonteses,
                y algunos envidiosos, que me espera,
                si no la compañía, la bandera,
                ¿tengo de acuchilllar un embozado?

Alberto         No he visto amante yo tan reportado.
                Celos, y no saber el dueño, es cosa
                nueva en amor, y a Amor dificultosa.
                ¿No le podéis seguir?

Martín                         También lo intento;
mas son tan recatados que no siento
remedio para ver adónde paran.

Alberto        Mucho vuestras fortunas se declaran.

García         Con esto agora entenderéis, Alberto,
la causa del haberme descubierto
al amigo mayor, al más discreto.

Alberto        Pues ya tenéis de mí tan buen conceto,
decidme a lo que vengo.

García                          Yo me imito,
en una carta que hoy a Celia he escrito,
como que de Milán, con un presente,
la escribo, y que de vos tan justamente
quise fiarla; pero habéis de darla
cuando este caballero venga a hablarla,
que no repararán en un soldado.
Y vos, o por haberlo preguntado
o ya por conocer el caballero,
sabréis mejor lo que pretendo y quiero.

Alberto        Decís muy bien; pero es inconveniente
decir que traigo carta con presente;
que han de pedirle y, como son mujeres,
para tomar no toman pareceres.

García         Decid que le tenéis en la posada,
y señaladla donde no hallen nada.
Pero ella es tan bizarra que no creo
que reciba el presente ni el deseo.

Alberto

No lo creáis; que amantes, aunque ausentes,
con dar presentes, estarán presentes.

(Vanse. Salen Celia e Inés.)

Inés

Pues remedio has de tener;
no has de dejarte morir.

Celia

Cansándome de sufrir,
no me canso de querer;
  porque a tanta desventura
ha llegado su rigor
que ya no parece amor.

Inés

Pues ¿qué parece?

Celia

Locura.

Inés

Los que nunca han enfermado
sienten mucho cualquier mal.

Celia

Si en correspondencia igual
a don Juan hubiera amado,
  no fuera mi sentimiento
de esta calidad, Inés,
que ya parece interés
de mi propio pensamiento.
  ¿Yo querer sin ser querida,
no sabiendo yo querer,
y que casi vengo a ser
por querer aborrecida?
  ¿Dónde está la libertad
con que a tantos desprecié?

¿Hombre se alaba que fue
señor de mi voluntad?
    Si estuviera don García
donde aquestas cosas viera,
¡qué de venganzas tuviera!
¡Ay, libre condición mía!
    ¿Qué artificio o qué ventura
de un hombre llegó a tener
imperio en una mujer,
que para ser de escultura
    en su esquiva condición
dio mármoles a los cielos?

Inés            ¿No quieres tú darle celos?

Celia           Tretas ordinarias son.

Inés                Lo que está calificado
por bueno, aunque antiguo sea,
eso es justo que se crea.

Celia           Pues ¿qué haremos?

Inés                            Yo he pensado
    que finjas que de Milán
te ha escrito aquel don García,
que ya sabe que tenía
talle y méritos don Juan
    para que tú le quisieras;
que, cuando presente esté,
al descuido te daré
la carta.

Celia                       Vanas quimeras

para un mozuelo arrogante,
que no querrá tener celos
del mismo Sol de los cielos,
si se le pone delante.

Inés

Pues dime, si te ha cogido
por los celos que te ha dado
hasta haberte despreciado,
siendo tu desdén y olvido
asombro de este lugar,
¿por qué no será también
que te venga a querer bien
y que te puedas vengar?

Celia

Bien dices; pero son celos
muy tibios de un hombre ausente.

Inés

Prueba hasta ver si lo siente,
y añade a celos recelos.

(Salen Martín y don Juan.)

Martín

Háblala, ¡por Dios!, con gusto,
ya que la vienes a ver.

Juan

No sé cómo pueda ser.

Martín

Yo sí.

Juan

¿Cómo?

Martín

Porque es justo.

Juan

Cánsame, ¡por Dios!, Martín,

tanta Celia noche y día.

Martín
Pues a fe que no solía;
mas todo se muda, en fin.

Juan
    Apenas el alba sale
cuando hay Celia con papel,
que para librarme de él
ningún remedio me vale.
    No ha llegado el mediodía
cuando hay presente y recado.
¡Qué amor tan necio y cansado!
¡Qué descompuesta porfía!
    ¡Que aun no me puedo sentar,
Martín, sin Celia a comer!
Pues Celia al anochecer,
¿cómo me puede faltar?
    Celia, de noche, en la calle;
Celia en el Prado, en el río.
¿No hay otros mozos de brío,
de buen gusto y de buen talle,
    que me quiere Celia a mí?

Martín
Quedo, que te está escuchando.

Juan
Pues ¿puede faltarme hablando?

Celia
¿Es don Juan?

Juan
            Señora, sí.

Celia
        ¡Mi bien!

(Hablan aparte los Martín y don Juan.)

Martín          Responde.

Juan                    No sé.

Martín          Eso ya es descortesía.

(A ella.)

Juan            ¡Mi Celia! ¡Señora mía!

Celia           ¿Qué milagro de Amor fue
                    hacerme aqueste favor?

Juan            ¿Favor? Haréisme correr.

Celia           Pues ¿qué nombre ha de tener
                el venir a verme?

Juan                    Amor.

(Aparte.)

Martín              ¡Amor! ¡Con qué sequedad
                la hablas!

Juan                    Harto me esfuerzo;
                que sabe el cielo que fuerzo
                el gusto y mi voluntad.

Martín              No queriendo en otra parte,
                ¿cómo no quieres aquí?

Juan            Pregúntalo a Amor, no a mí.

Celia       (¿Qué es eso, Inés?)

Inés                      Oye aparte.
        Ya no tienes que escribir
        la carta que imaginaste.
        Un soldado está a la puerta,
        que de don García las trae.

Celia       ¿Búrlaste, Inés?

Inés                      ¿Cómo burla?

Celia       Dile que vuelva a la tarde.
        No entren soldados aquí.

Juan        Señora, si es importante
        que yo me vaya...

Celia                      ¿Por qué?
        No es cosa que ofensa os hace.
        Cartas son de don García,
        que bien pudiera excusarme
        esta necia este disgusto.
        Di que mañana me hable,
        y que las deje, si quiere,
        para que don Juan las rasgue.

Juan        ¿Rasgar yo? Pues ¿a qué efeto?
        Ni que él mañana aguarde.
        Dile que entre.

Celia                      No ha de entrar.

Juan

Sí ha de entrar, que es disparate
querer que a mí me dé pena
quien viene de Italia o Flandes.
Entre ese soldado luego,
y él y cuantos en las naves
desembarcan del Brasil
o dan la vuelta de Cádiz.

Celia

¿Que queréis que entre?

Juan

                            Pues ¿no?

(Aparte.)

Martín

Parece que quieren darte
su poquitico de celos.

Juan

¿A mí celos? ¡Qué donaire!

Martín

¿No es aqueste don García
de los mirlados galanes
que guardaban esta puerta
y rondaban esta calle?

Juan

El mismo.

Martín

                     Pues ¿por qué sufres
sus cartas?

Juan

                   Calla, ignorante;
que no hay celos sin amor,
y yo no le tengo a nadie.

(Sale Alberto, de camino, a lo soldado.)

Alberto            ¿Quién es la señora Celia?

Celia              Yo soy.

Martín (Aparte.)        (¡Buen mozo!)

Juan (Aparte.)               (¡Buen talle!)

Inés (Aparte.)          (¡Bravas plumas!)

Celia (Aparte.)             (¡Bizarría
                   tiene el belicoso traje!)

Alberto            Yo llegaba a Barcelona
                   de Génova al embarcarse
                   don García, a quien debéis
                   cuidado; bien triste parte.
                   Dióme esta carta, y con ella
                   una caja. Si hay un paje...
                   Pero no, porque he de dar
                   un despacho al Almirante.
                   En la calle de Alcalá
                   poso, de donde se parten
                   los carros. Llámome Ascanio
                   de li Estorneli. Enviadle
                   mañana entre siete y ocho.

Celia              ¡Qué prisa! Esperad que os hable.
                   ¿Lleva salud don García?

(Hablan lo dos aparte.)

Martín             «Salud y gracia; sepades...»

deben de quererte dar
con tenerle y preguntarle.

Juan

¿A mí?

Martín

No, sino al Sofí.

Juan

¿Y qué importa que se canse?

Alberto

Salud lleva don García.

Celia

¿Qué miráis?

Alberto
(Aparte a Celia.)

Lo que hay delante.
¿Es aqueste caballero
hermano o deudo? Que hacen
mensajeros poco cuerdos
tal vez grandes necedades.

Celia

Hablad, que es un deudo mío
que ha venido a visitarme.

Alberto

¿Deudo? ¿El nombre?

Celia

Don Juan Guerra.

Alberto

Es de los buenos solares
su casa, y en su persona
no se desluce su sangre.
¿Pretende en Corte?

Celia

Pretende.

Alberto

Y aquel mozo del semblante

falso, ¿es también deudo vuestro?

Celia

Es un montañés que trae
consigo.

Alberto

¿El nombre?

Celia

Martín.

Alberto

Tiene traza de pegarse
dos tajos y dos reveses
con el sobrino del Draque.
Los soldados reparamos
en hombres de aquel desgaire.

(A don Juan.)

Martín

Con celos de don García
debe, don Juan, de mirarte
este soldado hablador.
¡Vive Dios, que le arrebate
y le arroje de un revés
cascos y plumas a Flandes!

Alberto

Digo, pues, que don García
va sin salud a arrojarse,
desesperado, a las armas
de un piamontés que le mate.
Con lágrimas y suspiros
me dijo palabras tales
que enternecieran las almas
de los más duros diamantes.
Dióme un abrazo que os dije.

Celia

Pues bien podéis abrazarme,
que a las nuevas de su amor
se deben prendas iguales.

Martín

¿Abrázanse?

Juan

¿No lo ves?

Martín

Trae presente, no te espantes.

Juan

¡Qué libertad tan grosera!

Martín

¿Qué se te da que la abrace,
pues que no la quieres bien?

Juan

Perderme el respeto es parte
para darme pesadumbre,
que no porque a mí me agravie.

Celia

Id en buen hora, y podréis
verme, señor, cuando os falten
negocios.

Inés

Señora, escribe
el nombre para buscarle,
que me parece difícil,
aunque la posada es fácil.

Celia

Libro tengo de memoria.

Alberto

Pues vuesa merced la saque.

Celia

Ya escribo.

| | |
|---|---|
| Alberto | Ascanio. |
| Celia | ¿De qué? |
| Alberto | De le Estorneli, y mandadme<br>otra cosa en qué serviros. |

(Vase.)

| | |
|---|---|
| Celia<br>(A don Juan.) | El cielo, señor, os guarde.<br>¿Queréis rasgar esta carta? |
| Juan | ¡Oh qué donaire tan grande!<br>¿Yo rasgar tus pensamientos?<br>¿Yo tus deseos? ¿Tan fácil<br>te parece el dividir<br>las primeras amistades?<br>No soy tan necio, ni creas<br>que en este juego me salen,<br>aunque las cartas me des,<br>esas figuras azares.<br>Doyte el parabién del gusto,<br>por la parte que me cabe,<br>de que le tengas, que yo<br>eso puedo desearte.<br>Quédate a leerla a solas,<br>que de secretos de amantes<br>nunca quieren los discretos,<br>aunque se lo rueguen, parte. |
| Celia | No, no, que es mucho desprecio<br>sin ver la carta dejarme.<br>¡Espera, por vida tuya!<br>Si la estimas, no la mates. |

Toma, lee, rompe, arroja
sus razones; no te enfades,
que no tengo yo la culpa
de que me escriba quien sabes
que se fue de aborrecido,
con ser hombre de las partes
que todo el mundo conoce.

Juan

Que él te escriba y tú le alabes
está muy puesto en razón;
y para que no te canses
en pensar que me das celos,
lee, que quiero escucharte.

Celia

No quiero yo que tú pienses
que me escriben en lenguaje
menos que merezco honesto.

Juan

Lee si quieres, que es tarde;
que a mí no se me da nada
de que sea tierno o grave.

(Lee.)

Celia

    Voy a la muerte huyendo de la vida,
dulce señora mía, de tal suerte
que la memoria de volver a verte,
desconfiado, la esperanza olvida.
    Ya no es posible que consuelo pida
a tu crueldad, porque el rigor me advierte
que quien allá no pudo enternecerte,
¿qué podrá ausente y la ocasión perdida?
    Esa joya te envío, no te espantes
de que, partiendo en lágrimas deshecho,

me retrate en firmezas semejantes.
   Por ser el dios de Amor ponle en el pecho
por ver si puede Amor hecho en diamantes
romper un pecho de diamantes hecho.
   Yo he leído.

Juan
                    Y yo escuchado
sin género de disgusto.
¿Quieres más?

Celia
                    Ni fuera justo
que esto te diera cuidado.

Juan
     ¿Cuidado a mí? ¿Para qué?
Mira en qué te sirve.

Celia
                         Espera;
hazme una merced.

Juan
                        Pudiera
asegurarte mi fe.

Celia
     Esta joya has de ponerte.
Valdréme yo del conceto
de don García.

Juan
               ¿A qué efeto?

Celia
A efeto de enternecerte.

Juan
     No, Celia; mejor será
que te enternezcas a ti.
Póntela y fía de mí,
que el mío por ti lo está.

¡Dios te guarde! —Ven, Martín.

Celia

La joya te han de llevar.

(Aparte los dos.)

Martín

Piensa que llevas pesar.

Juan

¿Yo pesar? Pues ¿a qué fin?

Martín

No me agrada aquella risa.
Con gusto queda de verte
enojado.

(Vanse don Juan y Martín.)

Inés

¡Brava suerte!

Celia

Parece que el Amor pisa
  las estampas de los celos.
¡Qué presto tras ellos viene!
¡Qué discreto fuego tiene
para abrasar necios hielos!

Inés

¡Picado va!

Celia

Con razón.
¡Pero que mi dicha fuese
tan grande que me escribiese
García en esta ocasión!

Inés

¿Qué ingratitud no venciera
esta memoria?

Celia                              Es verdad.
Ya mi necia voluntad
su mal gusto considera.

Inés                   ¡Brava joya te ha enviado!
Mas ¿no se acordó de mí?

Celia          Por don Juan no te advertí
que viene aparte un recado.

Inés                   ¿Cómo?

Celia                       Cortes de Milán
y medias de seda.

Inés                            Hiciste
discretamente.

Celia                            ¡Qué triste
puso la carta a don Juan!

Inés               No habrá salido el aurora
cuando voy a la posada
de ese Ascanio, aunque olvidada
del sobrenombre, señora;
   y advierte que me has de dar
algo del presente a mí.

Celia          Medias habrá para ti.

Inés          A la color verdemar
   soy yo muy aficionada.

Celia          ¿No es honrado caballero

don García?

Inés                    Ya te espero
ver de don Juan olvidada.

Celia                 Si me aprietan desengaños,
creo que me he de mudar,
que se cansan de llorar
mis ojos tantos engaños.
     Si viniese don García...
Temo el tenerle afición,
que una larga sinrazón
el mayor amor enfría.

(Vanse. Salen don Juan y Martín.)

Martín                 Pues ¿conmigo disimulas?

Juan            ¿Yo contigo?

Martín                 ¡Triste vienes!
De aquella carta a esta parte
te he sentido diferente.
Dime, ¡por Dios!, la verdad.

Juan            Si Celia, Martín, me ofrece
la carta, para rasgarla,
de aquel su olvidado ausente
y me ha de enviar la joya,
¿qué celos, qué pena quieres
que tenga? Solo el pensar
que se alegra me entristece.

Martín            Es condición del Amor

pesarle de ver alegre
lo que ama, que querría
que siempre triste estuviese.
Pero mostrando la carta,
que pudo Celia esconderte,
y dándote los diamantes,
no sé yo de qué te temes.
Como dice la canción:
«Antes ocasión parece
de conocer que te estima.»

Juan          Bien sé que Celia no puede
querer a nadie en el mundo.

Martín        Perdida de amor la tienes.
Pero ya tarda la joya,
si bien no es bien que te pese,
pues te obliga a darle otra
de más valor.

Juan                    No se entiende
con quien no la tiene amor.
¿Yo darle joya?

Martín                    Inés viene.

(Sale Inés.)

Inés          ¿Puedo entrar?

Juan                    ¿Quién es, Martín?

Martín        ¿Quién, dices? ¿No ves presente
la estafeta del Amor,

el paraninfo celeste
de Celia, el dulce Mercurio,
el Iris resplandeciente,
mensajera de los dioses?

Inés    Todos sabemos a Güete,
¡por vida del hablador!,
y estése quedo.

Martín                    ¿Esto sientes?

Juan    Inés, ¿qué quieres?

Inés                        Saber
de tu salud, y traerte
este papel.

Juan                    ¡Qué cansancio!
¡Muerto me tienen papeles!

Martín    ¿No traes la joya?

Inés                        ¿Cuál joya?

Martín    ¿Cuál? La de Ascanio Estorneli.

Inés    ¡Cómo se te acuerda el nombre!

Martín    ¿No quieres que se me acuerde?
Apenas hoy salió el alba
y en barbechos y alcaceres
pardas cantaban calandrias
dulce chillando motetes,
mesas apenas gabachos

de agua ministrando ardiente
ya por órganos narices
entonan tabaco fuelles,
cuando te vi por la calle,
y, a más de cuarenta «¡Cees!»
que desde lejos te di,
no respondiste una «ele».
¿Dónde ibas a ser Sol
de los dulces feligreses
de Baco, que a tales horas
a sus ermitas se ofrecen?

Inés

A buscar iba la joya;
pero no hallé quién pudiese
darme señas de ese Ascanio.

Martín

Tiene ya pocos parientes
después que Eneas, su padre,
de Dido causó la muerte.

Juan

Yo he leído y te he escuchado
y conozco, Inés, que mientes
en decir que no le hallaste.
Pero basta; bien se entiende
que Celia quiere traer
la joya, y dos cosas pierde;
la que yo le prevenía,
y el verme; porque de verme
eternamente no trate.

Inés

¿Qué es eso de «eternamente»?

Juan

¿No entiendes bien castellano?

Inés        ¿Esta respuesta merece
            una mujer principal?

Juan        Y tú, soberbia, ¿te atreves
            a responderme?

Inés                        Ya traigo
            comisión de responderte.
            Si tú no vieres a Celia,
            está cierto que no intente
            las locuras que hasta aquí,
            que es infamia que desdenes
            sufra una mujer hermosa
            de un hombre, aunque un ángel fuese.
            Las humildades que ha hecho
            contigo, don Juan, te tienen
            tan arrogante. ¡Mal haya
            la mujer que os desvanece!
            Castigo de su soberbia
            fuiste; pero ya no quiere
            sufrirte necio y galán,
            discreto y impertinente.
            Es mi señora muy linda
            para que tú la desprecies;
            muy rica para buscarte,
            muy noble para quererte.
            Pienso que no hablo en culto
            y, si me entiendes, advierte
            que no te arrepientas tarde,
            que hay muchos que la pretenden.

(Vase.)

Martín      Malo, ¡por Dios! No me agrada,

que nunca criadas suelen
decir estas libertades
cuando las amas no quieren.
No me diera más temor,
si la oyera treinta veces,
la campana de Velilla,
con malos agüeros siempre,
que la voz desentonada
de Inés.

Juan

A quien no la teme,
¿qué piensas tú que le importa?

Martín

No te hagas tan valiente,
que pienso que has de pagarle
las crueldades que le debes.

Juan

¡Déjame, necio!

Martín

¿Yo?

Juan

Sí,
que no hayas miedo que deje
Celia de quererme.

Martín

¿No?
¡Mal conoces las mujeres!
¡Vive Dios!, si hallan resquicio,
cuando alguno las ofende,
por donde entrar a vengarse,
que no hay cosa que no intenten.

(Vanse. Salen Alberto y don García.)

Alberto                  Buena persona tenía
                         y grave disposición.
                         Dióle pena la afición
                         con que hablaba en don García,
                         y ella a él satisfacción.
                             Paréceme, a lo que vi,
                         que está perdida por él.


García                   ¿Perdida?


Alberto                      Pienso que sí,
                         porque de los celos de él
                         venganza en ella sentí.
                             Díjome que era pariente,
                         y novio me pareció,
                         que un pariente menos siente.
                         Don Juan Guerra le llamó.


García                   No poca me ha dado ausente;
                             pero no me la ha de dar.
                         Sus paces quiero estorbar
                         y fingir que hoy he llegado.


Alberto                  ¡Buena traza de soldado!
                         ¡Volver hoy y ayer llegar!


García                       Diré que el duque me envía
                         con despachos para el conde,
                         y pasaré a mediodía
                         con postas la calle adonde
                         hay más guerra que solía,
                             y así todos pensarán
                         que he llegado de Milán
                         porque no tengo paciencia

para sufrir que en mi ausencia
quiera bien Celia a don Juan.

Alberto          Sí, pero vuestros amigos
luego os han de preguntar
lo que hay de los enemigos.

García          Luego ¿no es fácil contar
mentiras si no hay testigos?
En Madrid, como a porfía
amanecen cada día
tres cosas hasta las pruebas;
mudanzas, arbitrios, nuevas,
y así lo será la mía.
De Génova y de Saboya
las historias contaré
que pasó Grecia con Troya.

Alberto          ¿Y de la joya?

García          Diré
que no ha llegado la joya.

(Vanse. Salen Celia e Inés.)

Celia          En notable obligación
estoy a tu atrevimiento.

Inés          Conocí tu pensamiento.

Celia          Basta que los celos son
a quien debo ese pesar,
después, Inés, de los cielos.

Inés

De ingratitud a los celos
suele el Amor apelar.

Celia

Lo mismo me ha sucedido.

Inés

Si le dejas, tú verás
a quien te desprecia más
más despreciado y perdido.
    Estaba aquel bellacón
de Martín, como espantado
de ver el mundo trocado,
dándome falsa atención.

Celia

¿Qué te dijo don Juan?

Inés

Nada;
que también le pareció
que hablaba atrevida yo,
en tu mudanza fundada.

Celia

Y parecióle muy bien.
Ea, pensamiento mío,
agora es tiempo de brío
contra tan necio desdén.
    ¿Era yo la que llegaba
de noche a buscar las rejas
de un hombre, y con dulces quejas
su ingrato nombre llamaba?
    ¿Era yo la que le oía
estando a su puerta dél,
y a quien su gente cruel
que estaba fuera decía?
    No más crueldad, no más fieros,
Amor, que para olvidaros

no hay más discretos reparos
que dar celos y no veros.
    No me entre don Juan aquí,
que no quiero más don Juan.
¡Viva el que vive en Milán!

(Salen don Juan y Martín.)

Juan         ¿Qué estás diciendo de mí?

Celia         Que me cansan tus crueldades
siendo quien soy, que el deseo
tiemplan de suerte, que veo
tu mentira y mis verdades.
Y si no te persuades
con lo que te ha dicho Inés,
óyeme a mí, que despúes
que tus desengaños vi,
no soy la Celia que fui,
sino la Celia que ves.
    ¿En qué pensaba el furor
de tu arrogancia, don Juan?
¿No sabes cuán poco están
juntos desprecio y amor?
Mucho perdí de mi honor
en quererte despreciada;
pero ya, desengañada,
y la esperanza perdida,
cuanto estoy arrepentida
pienso que estaré vengada.
    Que te quiero no lo niego,
que una principal mujer
bien puede luego querer,
pero no aborrecer luego.

Si fuera un monte de fuego
me le templara tu nieve.
¡Qué mal hace quien se atreve
a dar por amor desdén,
porque no es hombre de bien
quien no paga lo que debe!

Juan        Celia, de mi ingrato pecho
te has quejado sin razón;
temo de tu condición;
lo más que dices ha hecho.
Bien puede estar satisfecho
el tuyo de que soy tuyo.
De tu sentimiento arguyo
tu amor y, ya confiado,
si alguna vez la he negado,
el alma te restituyo.
    Vuelvo arrepentido en mí
de aquellos desabrimientos,
porque tus merecimientos
siempre yo los conocí,
y no tan ingrato fui
que pudiese despreciarte.
Siempre he sabido estimarte,
porque fuera no quererte
ni haber ojos para verte
ni oídos para escucharte.
    Los que no han sido enemigos
no hay de qué hacer amistades;
mas si no te persuades
sean estos dos testigos
de que ya somos amigos,
con juramento, mi bien,
que mis ojos no te den

más pesadumbre jamás;
que a los celos que me das
se ha rendido mi desdén.

Inés            Postas pasan. Voy, Martín,
a los balcones corriendo.

Martín          ¿Corneta? Mala señal,
mala voz y mal agüero,
y más sonando, señor,
en amistades los celos,
que es como, al salir de casa,
ver un acreedor o un cuervo.

Juan            ¿Cosa que fuese el soldado?

Martín          Pues yo por cierto lo tengo,
porque en venir por la posta
se ve que es mal y que es cierto.

Inés            Ponte, señora, al balcón;
verás un galán mancebo
vestido de verde y plata
cual suele florido almendro,
con todo un Orán de plumas,
un pirámide sombrero
estrellado de diamantes.
Baja el oído

(Inés le susurra al oído a Celia.)

Celia           Ya entiendo.

Juan            Y yo lo entiendo también;

y, pues estorbo, no quiero
darte, Celia, pesadumbre.

Celia      No, no, que parecen celos.
¿Tú celoso? ¡Dios me libre!
Solo, mis ojos, te ruego
me des licencia, que voy
un instante, un pensamiento
a ver hombre tan galán.

(Vase.)

Inés       Yo, Martín, ni más ni menos;
a ver a cierto criado
que trae envuelta en un fieltro
el alma que me llevó.

(Vase.)

Martín     ¿Qué es esto, señor, qué es esto?

Juan      ¿Qué ha de ser más de que ya
mudó la veleta el viento?

Martín     ¿No te dije yo que había
de vengarse?

Juan        ¡Pierdo el seso!
Como vi que me adoraba,
estaba mi amor durmiendo,
y despertó dando voces,
Martín, en dándome celos.

Martín     ¿Y la pícara de Inés

que con el otro escudero
me amenaza haciendo burla?

Juan            ¿Qué haremos?

Martín                   ¡Por Dios!, que creo
que es todo en Celia artificio;
porque de su entendimiento
presumo invención tan rara.

Juan            Ya llega tarde el consuelo.
Carta, soldado, presente,
postas, plumas a los cielos,
verde y plata con diamantes
bien pudo hallar el ingenio;
pero no la ejecución,
que ya con los ojos veo.
¡Ay, Martín, qué necio he sido!

Martín          Pues no parezcas más necio
en dar a entender tu pena.

Juan            ¡Que hallase este caballero
para venir a matarme!

Martín          Dicen que a un doctor volvieron
una mula que le hurtaron
mientras curaba a un enfermo,
y que, pasados dos años,
la halló a su puerta, diciendo
un rétulo que tenía
entre la barba y el pecho:
«Estime vuesa merced
esta mula, que por cierto

que no ha dado un tropezón
de aquí a Roma.» Así sospecho
que se halló Celia a la puerta
este soldado, que ha vuelto
al lugar donde vivía
sin avisar a su dueño.

Juan       No sé lo que Celia intenta,
solo sé que yo me muero.

Martín      Sin duda, pues te confiesas.

Juan       A voces, Martín, confieso
que es la luz de aquestos ojos,
que es el alma de este cuerpo,
de mis potencias acción
y el primero movimiento
de mis sentidos, si ya
puedo decir que los tengo.

Fin de la segunda jornada

**Jornada tercera**

(Salen don Juan y Martín.)

Juan                     Llama con fuerza.

Martín                                   Señor,
ya es otro tiempo.

Juan                                   ¡Ay de mí!
Dile a Inés que estoy aquí.

Martín          ¿A Inés?

Juan                     Sí.

Martín                     Tengo temor.
¡Ah, muy magnífica Inés,
dígnate de abrir la puerta!

(Sale Inés.)

Inés          Pues bien, Martín, ya está abierta.

Martín          Oye, y ciérrala después.

Inés               ¿Es aquél don Juan?

Martín                               Pues ¿quién?

Juan (Aparte.)          (¡Justa cólera me abrasa!)

Inés          ¿Qué quieres en esta casa?

Juan          ¿Desde ayer tanto desdén?
                 Dile a Celia, Inés, si es justo,
              que estoy aquí.

Inés                          Está excusada.

Juan          ¿Cómo?

Inés                         No está levantada,
              que ha dormido con disgusto.

Juan                    ¿Qué importa que yo la vea?

Inés          No es mi señora mujer
              que en la cama la ha de ver
              quien su marido no sea.

Juan                 Yo me acuerdo de algún día
              que de mí no recataba
              ni el jazmín que madrugaba
              ni el clavel que anochecía.
                 Habrá venido a saber
              si el aurora amaneció
              quien, más dichoso que yo,
              puede sus celajes ver.
                 ¿Quién duda, Inés, que tendrá
              silla el señor don García,
              sin que le murmure el día
              que el Sol en la cama está?

Inés                 Ni ha venido ni está aquí,
              que aquí nadie puede estar.

Juan          Yo lo he de ver.

Inés                              No has de entrar.

Juan               ¿Cómo no?

Inés                              ¡Tente!

Juan                              ¿Tú a mí?

(Sale Celia en manteo, con una ropa de levantar.)

Celia                      Quedo, quedo. ¿Qué es aquesto?
¿Tú, don Juan, fuerza en mi casa
y a mis criadas?

Juan                              Si pasa
de lo que es término honesto
    esta furia en que me ves,
no te espantes, pues que quieres
darme celos.

Celia                           Las mujeres
que viven de su interés
    aun no se tratan así.

Juan               Que tengo justo respeto
a tu valor te prometo;
pero estoy fuera de mí.

Celia                  ¿Después de tanto desprecio
hablas con tanta humildad?

Juan               Fui necio en prosperidad.

Celia

Pues agora no seas necio.

Juan

     ¿Qué pierdes por que yo vea
quién en tu aposento está?

Celia

Todo el honor que me va
en que esto de mí se crea;
  y esa licencia, don Juan,
solo un marido la tiene
cuando a tal desdicha viene
que tal ocasión le dan.

Juan

     Yo lo seré tuyo.

Celia

                Es tarde.

Juan

¿Tarde?

Celia

     Quien no me estimó,
cuando él quiere quiero yo
que allá en la calle me aguarde.

Juan

     Mira, escucha.

Celia

            Estoy desnuda.

Juan

Ayer vino don García.
Con no entrar yo, Celia mía,
has puesto tu honor en duda.
    Déjame entrar.

Celia

           ¿Cómo entrar?
Ni el Sol entra en mi aposento.

Martín

Señora, su pensamiento
antes te pretende honrar;
    que importa que entre.

Celia

                    Ya digo
que ni el Sol entra a estas horas
donde duermo.

Martín

                    Si mejoras
tu causa siendo él testigo,
    deja, aunque es impertinencia,
que entre, pues que loco está.

Celia

Dos veces he dicho ya
que al Sol no daré licencia.
    Mira que llaman, Inés.

Inés

¡Ay, señora, don García!

Celia

¿Ves como estar no podía
donde dices?

Juan

                    A tus pies
pido, señora, perdón.

Celia

No quiero que te halle aquí.
Entra, don Juan, no por mí,
mas por mi honesta opinión;
    que salir delante de él
también le dará recelos.

Juan (Aparte.)

(¡Que hayan llegado mis celos
a término tan cruel!)

Celia

Advierte que has de callar
y no quitarme el honor.

(Hablan aparte los dos.)

Martín

¡Bien te castiga, señor!

Juan

¡Bien se ha sabido vengar!

(Vanse don Juan y Martín. Salen don García, bizarro, de camino, y Alberto.)

García

A un soldado que solía
tener paz en esta tierra,
a quien destierra la guerra
de la paz en que vivía,
dad los brazos, Celia mía.

Celia

¡Qué soldado tan galán!
¡Ya volveréis capitán!

García

De penas nadie juntó
más compañía que yo.

Celia

¿Cómo os venís de Milán?

García

Despachos traigo, señora;
que esta ventura me alcanza
por hombre de confianza.

Celia

¿Volveréis?

García

No lo sé agora.

Celia

De la gente vencedora,

¿qué nuevas nos dais?

García (Aparte.)                    (Aquí
fingiré lo que no vi,
pues de Madrid no he salido;
mas donde hay tanto fingido,
¿por qué ha de faltarme a mí?)
     El generoso marqués
de Santa Cruz restauró
lo que Génova perdió,
y fue por tierra después.
Del gran Felipe a los pies
rindió, Celia, las banderas
de las armas extranjeras
con el hispano estandarte;
porque es en la tierra Marte,
y Neptuno en las galeras.
     El de Feria, que dilata,
con eterno aplauso y loa,
el nombre de Figueroa,
invicto a César retrata;
ganar una fuerza trata
inexpugnable. El invierno
quiere ser diluvio eterno;
que algún planeta contrario
quiere que tenga el Acuario
del fin del año el gobierno.

(Aparte.)                    (No sé, ¡por Dios!, lo que digo;
pero aquí no importa nada.)
En fin, Celia, esta jornada
armas dejo y plumas sigo,
no me puso el enemigo
en Saboya más recelos
de no volver a estos cielos

que aquí tu olvido temor,
porque no hay muerte mayor
que amor con ausencia y celos.
    ¿Haste acordado de mí?

Celia      No, García; ¡por tu vida!,
que quien se acuerda se olvida,
y yo no te olvido a ti.

(Hablan aparte los dos.)

Juan       ¿No escuchas aquello?

Martín          Sí.

Juan       Estoy por salir.

Martín         ¡Detente!

García      Si supiera yo que ausente
esta dicha mereciera,
antes de agora perdiera
la gloria de estar presente.

(A Alberto.)

Inés       Vuesa merced me parece,
si la vista no me engaña,
aquel soldado que trujo
a mi señora la carta.

Alberto      El mismo soy.

Inés         Pues yo fui

a buscarle dos mañanas,
sin que desde el Buen Suceso
dejase hasta el Prado casa.
¿No se llama Ascanio?

Alberto                                        Sí.

Inés         Los que más señas me daban
decían que no le vieron
desde la guerra troyana.
¿Qué se hizo aquella joya?

Alberto      Allí la tengo guardada.
Que no me hallase me admiro.

Inés         Como se usan en España
Sánchez, Rodríguez y Hernández,
por «Ascanios» me enviaban
a la moderna poesía.

Alberto      De no me hallar fue la causa...

Celia        Que vengáis cansado es fuerza.
Descansad, García, que basta
el verme para estas horas.

García       Celia, quien os ve descansa.
No quiero en aqueste traje
deteneros.

Celia                     Quien aguarda
ocasiones de serviros,
en todo tiempo las halla.

| García | El cielo os guarde. |

| Celia | Id con Dios. |

(Vanse don García y Alberto. Salen don Juan y Martín. Hablan los dos aparte.)

| Martín | Ten más prudencia, y no hagas
desatinos que te cuesten
perder del todo su gracia. |

| Juan | Ya no es tiempo de consejos.
¿Eres tú la recatada,
la Lucrecia del puñal
y la Porcia de las brasas?
¿La que no dejaba el Sol,
de melindrosa y honrada,
dorar con sus rayos de oro
la madera de tu cama?
¿O eres tú la que recibes
a don García y le abrazas,
jurándole por su vida,
con otras tiernas palabras,
que «no te acordabas de él
porque jamás le olvidabas»?
¿Eres tú...? |

| Celia | Luego ¿no viene,
si no es que el gusto me engaña,
don García de buen talle? |

| Juan | ¿Tú dices eso? ¿Tú hablas
de esa manera conmigo?
¿Tú de esta suerte me tratas? |

Celia
                                  Déjame, don Juan, vestir,
que la mañana se pasa
y es mucha descortesía
tenerme desnuda.

Martín
                                                Es tanta
que puede Inés prevenir
rueda y plumas.

Celia
                                                Esta casa
fue siempre tuya, don Juan;
si hubiere alguna mudanza
no tengo la culpa yo,
que con tal verdad te amaba.
El Sol mismo no está firme,
la Luna los cielos anda,
la Naturaleza dicen
que es hermosa por ser varia.
Lo que era ayer ya no es hoy,
ni lo que hoy será mañana.
Si solo Dios no se muda,
¿de qué mudanza te espantas?
No dejo yo de quererte,
que eres de este cuerpo el alma;
pero tengo el fuego tibio
y la voluntad helada.
Con esto, vendrás a verme;
pero no ha de ser al alba,
que es hora en que no visitan
galanes en esperanza.
Lo que es una silla tienes
en esta casa sin falta
para cuando estés ocioso;
y yo, a manera de dama

que te entretenga discreta
con las historias pasadas.
Hablaremos de aquel tiempo
que yo, don Juan, te cansaba
dando quejas a tus puertas,
suspiros a tus ventanas,
y contarásme tú a mí
de la que servir aguardas,
el talle, la bizarría
y lo que con ella pasas.
Diréte yo algún consejo
en razón de darle galas,
de averiguar unos celos
o de rasgar unas cartas;
que con esto y tu prudencia,
en tanto que no te cansas,
serán las pláticas breves
y las amistades largas.

(Vase.)

Martín    Aquí bien echo de ver
que habrás menester paciencia.

Juan    Más he menester ausencia
si me tengo de perder.
 Esto se perdió, Martín.
Otro entró; dejé la espada.
Celia, de mí despreciada,
es mujer, vengóse, en fin.
 No sé cómo escuchar pude
tal burla y tal libertad.

Martín    Ella te dijo verdad;

no hay cosa que no se mude.
   Ausentarte es acertado,
si ha de hacer burla de ti.

Juan

Probaré lo que hay en mí.
Cobarde, estoy despreciado.

Martín

   Bien dices: o gran paciencia
o ausencia aquí te conviene.

Juan

Fuerte es el mal que no tiene
más remedio que el ausencia.

(Vanse. Salen Alberto y don García.)

García

   ¡Gallardamente se lució la industria!

Alberto

Y tanto, que has llegado a ver el pecho
que antes juzgabas de diamantes hecho
con tan tierna y igual correspondencia.

García

Más que a mi voluntad debo al ausencia,
pues ella descubrió que me quería,
que siempre no tenerme amor fingía.
Mirando estoy, Alberto, y no lo creo,
lo que puede el ausencia en el deseo.
En fin, es privación, pues del no verme
nacieron los principios de quererme.
Mejor debo de ser imaginado.
¿Yo en los brazos de Celia? ¿Yo abrazado
de la mujer más tibia que ha tenido
amor entre los hielos del olvido?
¿Yo cerca de sus rosas y jazmines?
¿Yo querido de Celia?

Alberto                                    No imagines
tanto estas cosas que te vuelvas loco.

García                          Cuando me vuelva loco, todo es poco.

(Sale Inés.)

Inés                                  Parecerá novedad
venir a esta casa Inés.

García                          Será novedad si es
efecto de voluntad.

Inés                                Este papel te lo diga.

García                          Mil veces beso el papel,
si hay más desdenes en él
que cuando fue mi enemiga.

Inés                                Afuera queda un criado
con un regalo.

García                                   ¿Eso más?

Inés                            Lee el papel y verás
a qué buen tiempo has llegado.

(Lee.)

García                          «No será fuera de propósito a quien
viene de la guerra servirle con ropa blanca, y
más en camino largo y por la posta. De
vuestra salud me alegro mucho, García, y

deseo volveros a ver, que lo que ha faltado
mucho no se ha de ver poco.»

        ¡Notable favor, Alberto!

Alberto          No hay cosa, ¡por vida mía!,
                 como llamarte García.

García           Anda el amor descubierto.
                    Esto de quitar el «don»
                 a lo que se estima y quiere
                 regaladamente infiere
                 que hay amistad y afición.
                    No sé qué se tiene más
                 «García» que «don García».
                 Ahora bien; dile, Inés mía,
                 que para siempre jamás
                    un esclavo tiene en mí,
                 y aquesta caja le lleva;
                 con los diamantes a prueba
                 de lo que yo ausente fui.
                    Sortijas son, y son tales,
                 si bien diamantes, estrellas
                 merecen manos tan bellas
                 ser a su alabastro iguales.
                    Una lleva en una ce
                 presentado un corazón,
                 que las dos mitades son
                 el círculo de mi fe;
                    otros hay con diferencia
                 de gusto y vista, en efeto;
                 siempre el oro fue discreto,
                 siempre habló con elocuencia.
                    Iré a verla, y tú, entretanto,

ponte esta cadena, Inés.

Inés
Con una pe soy tus pies
por pagarte en otro tanto.
   ¡Mil años te guarde el cielo!
Señor Estorneli, adiós.

(Vase.)

Alberto
Reina, adiós. Ya vais los dos...

García
¿Dónde?

Alberto
Camino del cielo.

García
¿Cómo?

Alberto
Al casamiento vais,
que sin él no se va bien.

García
Agradezco el parabién
que con ese bien me dais.
   Rica, hermosa, y bien nacida
es Celia; dichoso yo.

Alberto
¿Será bien hablarla?

García
No;
por si entretanto me olvida;
   que aún temo su condición.
Mejor es que doña Clara
la hable; a ver si declara
con ella su pretensión.

Alberto          Es muy discreta y os ama.

García           Siempre a mi favor se inclina.
                 ¡Ay, esperanza, camina,
                 que la posesión te llama!

(Vanse. Salen don Juan y Martín.)

Juan             ¡Yo voy perdiendo el juicio!

Martín           ¿Aquí tornas?

Juan                          Aquí torno.

Martín           Como torno es el amor,
                 que alrededor se anda todo.
                 Mira que das que decir
                 en la calle.

Juan                        No hago poco
                 en no echar piedras por ella.

Martín           Mira, señor, que amor solo
                 siempre lo pasa muy mal,
                 y tú dijiste que es loco
                 quien solo una cosa amaba,
                 cuando fuiste más dichoso.
                 Vámonos a entretener,
                 que en la corte hay mil hermosos
                 rostros.

Juan                      No sé qué me tengo,
                 que todos me dan en rostro.

Martín       Las heridas duelen menos
con los remedios.

Juan         No pongo
la esperanza en los remedios
ni a la muerte el paso estorbo.
Quiero ausentarme, no puedo;
quiero escribirla, no oso;
quiero verla, temo el daño
de su desdén riguroso.
En su calle me anochece,
y en ella, con letras de oro,
los desengaños del alba
me escribe el Sol en los ojos;
aumentando sus venganzas,
pido a sus rejas socorro.
¿Nadie me escucha?

(Salen Celia e Inés a la reja sin que don Juan repare en ellas.)

Celia (Aparte.)     (Sí escucha,
que Amor es ciego y no sordo.)

Juan       ¡Ay terribles desengaños,
cómo prometen los días
para breves alegrías
tristezas de muchos años!
 ¡Ay dulces horas pasadas,
que hacéis la pena mayor!
¡Ay verdades, que en amor
siempre fuistes desdichadas!
 ¡Ay hierros de aquestas rejas,
quién os pudiera ablandar!

Celia (Aparte.)      (¿Hay gusto como escuchar
                 en un arrogante quejas?)

Juan           ¡Que obligaciones deshagan
               novedades de dos días!
               Buen ejemplo son las mías,
               pues con mentiras se pagan.
                 Justamente Amor me trata
               vengando el rigor de un año,
               cuando traté con engaño
               tus verdades, Celia ingrata.
                 ¿Entonces quién tal pensara
               que era mi lealtad tan poca?
               ¡Qué de quejas vi en tu boca!
               ¡Qué de perlas vi en tu cara!
                 Pensar en que me adorabas
               con mayor dolor me aflige.
               Oh, cuántas veces te dije,
               cuando a mi puerta llamabas,
                 como por vitoria y palma
               de tus desdenes tan cierta:
               «En vano llama a la puerta
               quien no ha llamado en el alma.»

Celia (Aparte.)      (¡Ay celos bien empleados!)

Juan           Cuando llamabas allí
               y, preguntando por mí,
               me negaban mis criados
                 —tanto el corazón descansa
               contando lo que pasó—,
               estaba diciendo yo:
               «¿Para qué busca quien cansa?»

Martín

    Señor, mira que es locura
enamorar con tus quejas
los mármoles de unas rejas.

Juan

iAy peregrina hermosura,
  qué noche te vi turbada
decir, viéndome volver:
«Déjate, don Juan, querer,
pues que no te cuesta nada!»
  Sí cuesta, que no es hazaña
pagar amor con olvido,
que el que piensa que es querido
el ser querido le engaña.
  Mira entre desdichas tantas
a qué llegan mis enojos,
pues vengo a poner los ojos
donde tú pones las plantas.
  Vino tu antiguo amador
de Milán para vengarte,
a ser de mis paces Marte,
a ser de mi guerra Amor.
  Con esto vengada estás,
pues que ya en brazos ajenos
ni puedes tenerme en menos,
ni puedo estimarte en más.

Celia (Aparte.)

  (¿Qué música en los oídos
tan dulce pudiera ser
como haberme visto ayer
perder por ti los sentidos
  y hoy verte llorar por mí?)

Juan

iNo quiero, Celia, piedad!
Yo esforzaré tu crueldad

con darme la muerte aquí,
    pues he visto la mudanza
que ha hecho tu pecho ingrato,
en el tiempo y en el trato
nadie tenga confianza.
    Confieso, ¡ay penas tiranas!,
que se me pasan iguales
las noches en tus umbrales,
los días en tus ventanas.
    Y no llamo en esta calma,
no digas, de mi amor cierta:
«En vano llama a la puerta
quien no ha llamado en el alma.»

Celia (Aparte.)        (Quiérome quitar de aquí,
¡ay cielos!, que puede ser
que me venga a enternecer
y que se burle de mí.
    Pues no me piense engañar
con la disculpa, aunque es mucha;
que quien lástimas escucha
cerca está de perdonar.)

(Quítase.)

Martín        Señor, si estás de tal suerte
llamaré mil veces.

Juan                No,
que no quiero darme yo
tanta ocasión a mi muerte.
    Lo que podemos hacer
es ir a pedirle a Clara,
si Celia acaso repara

en que ha de ser mi mujer,
    que la hable y la prometa
la palabra de mi parte.

Martín                   Pues yo puedo asegurarte,
si ella la palabra aceta,
    que tú te desenamores,
porque no se puede hallar
remedio como el casar
para templar los amores.
    Los que más ves desear
aquel tan breve placer
los verás amanecer
con deseos de enviudar.

Juan                     ¡Pluguiera a Dios que me viera
en esos trances, Martín,
que no hay en el gusto fin
cuando el amor persevera!
    ¡Ay, esperanzas burladas
del engaño y del favor!
¡Ay, verdades, que en amor
siempre fuistes desdichadas!

(Vanse. Salen Clara y don García y Alberto.)

Clara                    Esto Celia respondió,
determinada a casarse.

García                   Pudiera Celia emplearse
en otro mejor que yo,
    pero no en quien más la quiera
y la desea servir.

Clara

        Bien te puedes persuadir
        de que por dueño te espera,
          pues esta noche me advierte
        de que haréis las escrituras.


García

        Clara, el bien que me aseguras
        ya me enloquece de suerte
          que sale del corazón
        a los ojos mi alegría.
        En fin, Clara, ¿Celia es mía?


Clara

        Hoy tendrán satisfacción
          tus sospechas de que has sido
        quien siempre Celia ha estimado.


García

        Perdón pido a mi cuidado
        de las dudas que ha tenido,
          que donde hay competidor
        también anda en competencia,
        y más si hay celos y ausencia,
        el miedo con el amor.
          La que yo hice a Milán,
        por allá pensar me hacía
        si aquellas noches venía
        algún dichoso galán
          a la calle o a tener
        conversación en la casa.


Alberto

        Cuanto a los amantes pasa,
        don García, no ha de ser
          repetido en la ocasión
        de llegar a casamiento,
        porque es turbar el contento
        perder la satisfacción.

          Amor es pleito entre dos
          cuando tiene competencia;
          agradeced la sentencia,
          pues ha salido por vos,
            y vamos a prevenir
          lo que fuere menester.

(Salen don Juan y Martín, y quedan aparte.)

Juan                    Diligencias se han de hacer
                        hasta llegar a morir.

Martín                    Nunca yo fui de opinión
                        que, cuando llega a venganza
                        una mujer por mudanza,
                        se le dé más ocasión.

Alberto                    Éste es don Juan, el galán
                        que en casa de Celia vi.

García                  Pues, Clara, ¿don Juan aquí?

Clara                   Seguro estás de don Juan;
                          que si a ver a Celia entró
                        alguna vez, yo sería
                        la causa.

García                        Que la servía,
                        Clara, imaginaba yo;
                          pero, ya desengañado,
                        de pensarlo estoy corrido.

Martín                  Éste es el recién venido,
                        no sé si también amado.

| Juan | Todo lo debe de ser,<br>pues desde que vino aquí<br>se burla Celia de mí. |
|---|---|
| García | Claro está que has de querer<br>hablarle; yo doy lugar. |
| Clara | Vete con Dios, y está cierto<br>de que esta noche el concierto<br>se ha de escribir y firmar. |

(Váyase don García, mirando a don Juan, y él a don García, muy falsos.)

| Juan | ¡Bravo talle! |
|---|---|
| Martín | A los celosos<br>todo en el competidor<br>parece siempre mayor. |
| Juan | Son los ojos temerosos<br>de la misma condición<br>de la envidia. |
| Clara | ¡Qué cuidado<br>me has dado en haber llegado,<br>don Juan, en esta ocasión! |
| Juan | ¿Por qué, Clara? |
| Clara | Don García,<br>que es el que de aquí se va,<br>casado con Celia está. |

Juan              ¿Casado?

Clara                     Si en este día
                    se han de hacer las escrituras,
                    claro está que está casado.

Juan                Mientras en duda han estado,
                    ¡oh Clara!, mis desventuras,
                       estaba loco de amor;
                    pero en llegando a ser ciertas,
                    abro al corazón las puertas.
                    Váyase en buen hora Amor.
                       Mal determinado andaba
                    para llegar a ausentarme;
                    que a un hombre que fue querido
                    llega el desengaño tarde.
                    Pero, pues ya no hay remedio
                    ni esperanza que me engañe,
                    yo me ausento de sus ojos;
                    Celia en mi ausencia se case.
                    Culpa tuve de perderla,
                    no tengo de quien quejarme.
                    Esta es honrada ocasión;
                    mañana me parto a Cádiz.
                    Dícenme que a socorrerla
                    el Almirante se parte
                    y otros muchos caballeros;
                    seguir quiero al Almirante,
                    que en esta acción, y en un hora,
                    ha sido cosa notable
                    que de toda España el rey
                    conozca las voluntades.
                    Quédate, Clara, con Dios,
                    y da a Celia de mi parte

el parabién de mi muerte,
de casarse y de vengarse.

(Vase.)

Clara          ¡Lástima me ha dado!

Martín                    Es justo
que te enternezca.

Clara                    Martín,
con ausentarse da fin
Amor con tanto disgusto.
  Ya se casa don García,
ya no hay que cansarse más.

(Salen Celia e Inés.)

Celia          ¡Qué descuidada estarás
de aquesta visita mía!

Clara            ¿No viste al entrar un hombre
que es dueño del que está aquí?

Celia          Tapéme cuando le vi.

Martín          Si aborreces hasta el nombre,
  ¿qué mucho que no les dieses
ese disgusto a tus ojos?

Celia          ¡Ay, Martín, si los enojos
de mis pensamientos vieses,
  juzgarías que, ofendida,
quise matarme vengada!

Martín

Ya creo que estás casada,
en que estás arrepentida.

Celia

   No ha tanto que me casé,
pues aun está por firmar,
que el gusto lo pueda estar.
Siento que un hombre sin fe,
   a quien yo he querido tanto,
me haya obligado a perderle,
pues, sin dejar de quererle,
de lo que intento me espanto.
   Por vengar tantos agravios
hago tan gran necedad
que, si te digo verdad,
voy con el alma en los labios.
   Yo le vi salir de aquí
y la sangre se me fue
al corazón, que pensé
que ya no le hallara allí.
Piensas tú que no le oí
decir las noches pasadas,
a mis ventanas, bañadas
de mi llanto y su dolor:
«¡Ay, verdades, que en amor
siempre fuistes desdichadas!»
   Todo lo vi y escuché;
pero ya la suerte mía
me ha entregado a don García.
Di la palabra, ¿qué haré?
Si llama entonces, yo sé
que Amor llevara la palma,
sin responder, puesta en calma
la venganza entonces cierta:

«¿Para qué llama a la puerta
quien no ha llamado en el alma?»
     Fuese sin llamar, y así
determinada quedé
de casarme, y lo juré
para vengarme de mí.
Rompiera la puerta allí;
que así Amor la furia amansa
cuando celoso descansa.
Ya que a buscarme llegó,
que no le dijera yo:
«¿Para qué busca quien cansa?»

Martín
     No sé qué pueda decir,
Celia, en esta confusión.
Ya te casas, no es razón
tu casamiento impedir.
     A Cádiz se va don Juan
con el honor y laurel
de Enríquez, porque con él
muchos caballeros van.
     Échame tu bendición
con esas flores de azahar,
que para ver pelear
voy a alquilar un balcón;
     que, aunque con honrados bríos,
más voy en estas tormentas
a dejar dinero en ventas
que a echar a fondo navíos.

Celia
     Dios te dé, Martín, felices
sucesos, pues a mí no.

Martín
Obispa te vea yo,

que con tal mano bendices.

(Vase.)

Clara                    Necia has estado.

Celia                         ¿Yo?

Clara                           Sí;
en declarar lo que sientes.
Ya que te casas, no intentes
que éste se vengue de ti.

Celia                    No puedo más. Toma el manto,
ven a la calle Mayor,
que nunca pensé que Amor
quisiera vengarse tanto.
    Sacaré de aquí a la noche
cosas que son menester.

Clara                    Mucho fue no conocer
don Juan al salir el coche;
    y si es que le ha conocido,
él te ha de seguir y hablar,
ocasión que puede dar
sospechas a tu marido.

Celia                    ¡Ojalá! Pero no creo
que, estando determinado,
le dé mi boda cuidado
ni mi privación deseo.
    Yo me tengo de casar,
porque he venido a creer
que si le vuelvo a querer

me ha de volver a olvidar.

(Vanse. Salen don Juan y Martín.)

Martín            ¡Qué buen modo de partir
                  después que postas conciertas!

Juan              Tú me has echado a perder
                  con darme, Martín, dos nuevas;
                  una, que ya los ingleses
                  llevaron en la cabeza;
                  que solo un Girón de España
                  los hizo volver sin ella;
                  que se arrojaron al mar
                  cobardes, dejando en tierra
                  vidas, honra, municiones,
                  codicia, engaño y soberbia;
                  y otra, que lloran por mí
                  los bellos ojos de Celia.
                  ¡Mal agüero en mi partida
                  el ver llorar las estrellas!
                  Y así vengo a ver su calle
                  para consolar mis penas,
                  y por vengarme de ver
                  que enamorada me deja.

Martín            No pienso que están en casa.

Juan              ¿Si en otra parte conciertan
                  este necio casamiento?
                  Llega, Martín, a la puerta.

Martín            Sale muy gentil olor,
                  que es señal que en casa cenan,

y que puede consolarte.
Llégate más cerca, llega;
que si en las sienes y pulsos
se pone cuando hay flaqueza
algún agua que conforte
o algún licor que dé fuerzas,
¡por Dios!, que por las narices
así lo que guisan entra
desde la cocina al pecho,
que hasta el ánima consuela.

Juan              Advierte que viene gente.

Martín            ¿Si es justicia?

Juan                            No hay linterna.

Martín            Bien dices, que suele ser
de esos tres magos la estrella:
corchete, alguacil y pluma
[...................-e-a.]

(Salen don García, galán, Alberto y gente que acompaña.)

Alberto           Bueno fuera haber traído
un hacha.

García                       La casa es ésta.

Juan              ¿Quién va?

García                        Don García Fajardo.

Martín            Éste es el dueño de Celia.

García                    ¿Y quién es quien lo pregunta?

Juan                      La justicia.

García                              Que lo sea
por muchos años.
(Al acompañamiento.)                Entrad.

(Vase.)

Juan                      Ya mi desdicha se acerca.
¿Entraron?

Martín                              No, sino el alba.
Vámonos de aquí; ¿qué esperas?

Juan                      ¿Fajardo dijo?

Martín                              Mejores
los tiene agora en su tienda
la calle del Arenal.

Juan                      ¡Todo me abrasa y me hiela!
Irme querría, y no puedo.

Martín                    Pues es necedad extrema
si ya Celia está casada.

Juan                      ¿No puede ser que suceda
alguna cosa entretanto?

Martín                    ¡Oh qué esperanza tan necia!

Juan

Si acompaña a un sentenciado
hasta la misma escalera,
¿es mucho que me acompañe
hasta que se case Celia?

Martín

Un hombre viene.

(Sale Laurencio, escribano.)

Juan

                                    ¿Quién va?

Laurencio

Presumo que ya me esperan.

Juan

¿Quién va?

Laurencio

                        El escribano soy.

Juan

Pues vuesa merced se vuelva,
que me va en esto la vida,
y póngase esta cadena.

Laurencio

Bien entiendo que os importa;
pero ¿si otro llaman?

Juan

                                Venga,
que otra tengo que le dar.

Laurencio

Somos tantos que el arena
del mar no será bastante
si se volviese cadenas.

Juan

Con irse vuesa merced
bien puede ser que no sea
la escritura aquesta noche.

Laurencio          Yo me voy.

(Vase.)

Martín                    ¡Qué diligencias
tan locas!

Juan                      No puedo más.

Martín             Más gente viene. ¿Qué intentas?

(Salen dos músicos.)

Músico I           ¿Qué guitarra habéis traído?

Músico II          La sonora portuguesa.

Músico I           ¡Buenas voces!

Músico II                 ¡Extremadas!

Músico I           Pienso que la casa es ésta.

Juan               ¿Músicos?

Martín                    Pues ¿no lo ves?

Juan               ¡Vive Dios, que no consienta
que canten cuando yo lloro!
¡Sacude!

Martín                   ¡Sacudo!

| | |
|---|---|
| Juan | ¡Mueran! |

Juan            ¡Mueran!

Músico I      ¡Ay, que me han muerto!

Juan                  Eso sí,
vayan a cantar endechas.

Martín        O a lo menos el romance
de «A malas lanzadas mueras».

(Alboroto de los cintarazos salen don García, Alberto, Celia, Inés, y acompañamiento.)

Músico II     Aquí están.

García               Pues, caballeros,
¿así es justo que se atrevan
a criados de esta casa?

Juan            Hasta agora no hay en ella
quien eso pueda decir,
pues solo su dueño es Celia.

García        ¿Cómo que no? Yo lo soy.

Juan            ¿Estáis casado en ella?

García        Vengo a hacer las escrituras.

Juan            Pues, cuando estuvieran hechas...
¡Cuántas veces no se cumplen!

García        Lo que los nobles conciertan,
aun sin las firmas, se cumple.

Juan                    En cosas de esta materia
                        algunas causas impiden
                        la ejecución que desean.

García                  ¿Sois impedimento vos?

Juan                    Cuando la espada pudiera
                        responder, seguro estoy
                        que hablara por mi defensa;
                        pero yo tengo que hablaros
                        aquí aparte a vos y a Celia.

García                  Si ella quiere, aquí estoy yo;
                        no hay cosa que más me venza
                        que una honrada cortesía.

(Don Juan habla aparte con García y Celia.)

Juan                    ¿Es propio de la nobleza
                        si un hombre que se casara
                        con una dama supiera
                        que había querido a un hombre
                        un año con tal firmeza
                        que, siendo los días de él
                        trescientos sobre sesenta
                        y cinco, tantos papeles
                        puede mostrar de su letra?
                        ¿Y que con celos, el alba
                        trocaba perlas con ella,
                        porque, llorando las dos,
                        eran mejores sus perlas,
                        si se espantaba la noche
                        de ver el Sol a sus puertas,

que el de sus ojos gustaba
de estar mirando por ella?
Y si hubiese merecido
cuanto de una dama honesta
puede conceder Amor
en exteriores licencias,
¿sería bien que, celosa,
por venganza, aunque discreta,
se casase a su disgusto,
y el que viniese a querella
sobre tanta voluntad
viniese a hacer experiencia
de los temores que pasa
quien lo que digo sospecha?
Vos sois juez; sentenciad
la causa, si acaso es vuestra.

| | |
|---|---|
| García | Pues ¿quién es el hombre? |
| Juan | Yo. |
| García | Pues ¿quién es la dama? |
| Juan | Celia. |
| García | ¿Es aquesto verdad? |
| Celia | Sí;<br>no quiera Dios que yo mienta. |
| García | Ni que yo, Celia, me case<br>con quien verdades confiesa. |
| Celia | Hay verdades que en Amor |

por los desprecios se niegan.

Juan

No desprecios, Celia mía;
siempre adoré tu belleza.

García (Aparte.)

(¡Buen marido fuera yo
si a mis ojos la requiebra!)

(García se dirige a todos.)

Caballeros, yo he sabido
en este punto que es deuda
mía, de que nunca tuve
imaginación ni nuevas,
la señora Celia, y quiero,
ya que por serlo no pueda
casarme, que no se emplee
menos tan rara belleza
que hoy en el señor don Juan
de la Guerra y de la Vega.
Esto suplico a los dos,
y que yo padrino sea.
Venga un «sí» doblado.

Juan y Celia

Sí.

Martín

Ya que de cura te precias,
merezca Martín a Inés.

García

Pues de la misma manera
digan el «sí» juntos.

Martín e Inés

Sí.

Martín          ...que es como el Requiem aeternam.

Juan            De Las verdades de amor
                aquí acaba la comedia.

Celia           Y el deseo de serviros,
                donde ella acaba, comienza.

                Fin de la comedia

## Libros a la carta

A la carta es un servicio especializado para

empresas,

librerías,

bibliotecas,

editoriales

y centros de enseñanza;

y permite confeccionar libros que, por su formato y concepción, sirven a los propósitos más específicos de estas instituciones.

Las empresas nos encargan ediciones personalizadas para marketing editorial o para regalos institucionales. Y los interesados solicitan, a título personal, ediciones antiguas, o no disponibles en el mercado; y las acompañan con notas y comentarios críticos.

Las ediciones tienen como apoyo un libro de estilo con todo tipo de referencias sobre los criterios de tratamiento tipográfico aplicados a nuestros libros que puede ser consultado en Linkgua-ediciones.com.

Linkgua edita por encargo diferentes versiones de una misma obra con distintos tratamientos ortotipográficos (actualizaciones de carácter divulgativo de un clásico, o versiones estrictamente fieles a la edición original de referencia).

Este servicio de ediciones a la carta le permitirá, si usted se dedica a la enseñanza, tener una forma de hacer pública su interpretación de un texto y, sobre una versión digitalizada «base», usted podrá introducir interpretaciones del texto fuente. Es un tópico que los profesores denuncien en clase los desmanes de una edición, o vayan comentando errores de interpretación de un texto y esta es una solución útil a esa necesidad del mundo académico.

Asimismo publicamos de manera sistemática, en un mismo catálogo, tesis doctorales y actas de congresos académicos, que son distribuidas a través de nuestra Web.

El servicio de «libros a la carta» funciona de dos formas.

1. Tenemos un fondo de libros digitalizados que usted puede personalizar en tiradas de al menos cinco ejemplares. Estas personalizaciones pueden ser de todo tipo: añadir notas de clase para uso de un grupo de estudiantes, introducir logos corporativos para uso con fines de marketing empresarial, etc. etc.

2. Buscamos libros descatalogados de otras editoriales y los reeditamos en tiradas cortas a petición de un cliente.